coleção primeiros passos 60

Carlos Rodrigues Brandão

O QUE É
FOLCLORE

editora brasiliense

Copyright © by Carlos Rodrigues Brandão, 1982
Nenhuma parte desta publicação pode ser gravada,
armazenada em sistemas eletrônicos. fotocopiada,
reproduzida por meios mecânicos ou outros quaisquer
sem autorização prévia do editor.

Primeira edição, 1982
13ª edição, 1994
11ª reimpressão, 2014

Diretoria Editorial: *Maria Teresa B. de Lima*
Editor: *Max Welcman*
Revisão: *José W. S. Moraes e Orlando Parolini*
Capa: *Noema Cavalcanti*
Diagramação: *Carlos Alexandre Miranda*

**Dados Internacionais de Catalogação na Publicação (CIP)
(Câmara Brasileira do Livro, SP, Brasil)**

Brandão, Carlos Rodrigues, 1940
  O que é folclore / Carlos Rodrigues Brandão. – São Paulo:
Brasiliense, 2014. - (Coleção Primeiros Passos; 60)

1. Folclore I.Título. II.Série

06-9311   CDD-398

Índices para catálogo sistemático:
1. Folclore 398

editora brasiliense ltda.
Rua Antônio de Barros, 1839 – Tatuapé
Cep 03401-001 – São Paulo – SP
www.editorabrasiliense.com.br

SUMÁRIO

Um búlgaro em Pirenópolis..7
Santo Antônio dos Olhos d'Água 15
Folk-lore, folklore, folclore: existe?....................................25
As dimensões da cultura e a cultura do folclore................57
Descrever, relacionar, compreender..................................87
São José de Mossâmedes..105
Folclore e cultura de classe..113
"Para não esquecer quem são"..125
Indicações para leitura...127
Sobre o autor...131

*Isso o povo daqui faz por uma devoção.
É uma devoção que a gente tem com o santo, e por isso
canta e dança conforme fez agora.
Agora, tem gente que aparece que chama isso de folclore.*

Um dançador do congo em Machado, Minas Gerais.

*Este livro é para mestre Messias, pedreiro e folião de
Santos Reis.
Ele me dizia: "O senhor escute, o senhor aprenda".*

UM BÚLGARO EM PIRENÓPOLIS

"Na minha terra ..." ele dizia. "O povo, lá, na minha terra..." dizia um búlgaro em Pirenópolis. Uma vez encontrei um, leitor. Você já imaginou um búlgaro em Pirenópolis? Um real, falante, de carne e osso, dizendo: "Eu sou búlgaro, vim da Bulgária"? E tudo isso no sertão de Goiás? Vamos por partes. Você já imaginou Pirenópolis? É uma pequena cidade goiana do século XVIII, do "tempo do ouro" como diz a gente do lugar. Uma cidadezinha que já se chamou Meia Ponte e fica na beira de uns montes chamados Pireneus, nas margens do rio das Almas, um dos que mais ao norte formam o Tocantins. Do mesmo modo como Vila Boa de Goiás, os riachos da região deram ouro no passado, mas hoje a gente do lugar vive de arroz, milho, gado e algumas festas.

Pois foi numa. Voltemos ao começo do caso.

E um búlgaro lá? Pois um dia de junho eu estava em Pirenópolis, e na manhã do sábado da Festa do Divino Espírito Santo conheci um búlgaro. Isso foi no largo de terra vermelha, cercado de arquibancadas onde pouco depois haveria as "Cavalhadas de Pirenópolis". Um búlgaro real, leitor. Mais até, dois, um casal de viventes dessa espécie, ali, festivos, espantados. Uma gente que até então eu pensava que só vivia nos livros de História Universal.

O povo esperava o começo das correrias das "Cavalhadas de Cristãos e Mouros" e nós três falávamos sobre aquilo. De repente, falávamos de folclore. Os três não, porque a mulher mal amarrava um arremedo do português e preferia ouvir os barulhos da festa: tiros de rojões, "rouqueiras" e bacamartes; gritos, chocalhos de cavalos a galope, "Viva o Espírito Santo!" Gritavam ao longe. Ela via e ouvia. Mas, na manhã daquela que um dia foi o Arraial de Nossa

Senhora do Rosário da Meia Ponte, o homem búlgaro contou, na minha língua, coisas da sua terra com que eu quero começar a nossa conversa sobre o folclore, leitor.

Em quase mil anos de história os búlgaros tiveram poucos anos de uma verdadeira independência nacional. Eles foram seguidamente dominados por outros povos e, assim, uma boa parte da vida da Bulgária dividiu-se entre o domínio estrangeiro e a luta contra ele. As cidades e aldeias do país eram proibidas de usar sequer e colocar nas ruas os sons e as cores da Bulgária: hinos, bandeiras, a língua — os símbolos coletivos da afirmação ancestral de uma identidade de pátria, de povo. Então, quando foi perigoso hastear nos mastros os panos com as cores do país, rezar nos templos ortodoxos as suas crenças coletivas ou enterrar os mortos com os seus cantos de tristeza os búlgaros aprenderam a ler a sua memória nos pequenos sinais da vida cotidiana: costumes objetos e símbolos populares.

Ele enumerava: velhas canções ditas à beira da mesa ou da fogueira; danças de aldeia em festas de casamento; brincadeiras típicas de crianças; ritos coletivos da religião popular; o jeito original de entalhar a madeira ou de pintar potes de barro; os mitos que o avô sabe e conta ao neto, os anônimos poemas épicos que narram de casa em casa as estórias dos heróis imaginários, quando era difícil contar na escola a história dos heróis verdadeiros; a sabedoria camponesa dos segredos de lidar com a terra; as flores bordadas nas blusas das mulheres; o rodado peculiar das saias; a faixa que os rapazes amarram na cintura; o jeito de prender na cabeça um lenço. Saias, lenços, canções e lendas. A "alma de um povo", como se diz às vezes, existia nas coisas mais simples, mais caseiras, mais antigas. Coisas da vida. Coisas do folclore?

Nos escondidos das cidades e aldeias uma vida coletiva e sua cultura existiam por toda parte, nos ritos ocultos e símbolos do povo do país. "Você sabe"... ela me dizia enquanto punha a mão no meu ombro, no gesto de amigos que a confidência tornou próximos vinte minutos depois de conhecidos, "isso tudo que você me disse que aqui é folclore, lá na minha terra foi o que tivemos para não perdermos a unidade da nação e também um sentimento de identidade que não podia ser destruído". Ele dizia: "Eu acho que durante muitos e muitos anos as nossas bandeiras eram as saias das mulheres do campo e os hinos eram canções de ninar".

Seria também por isso, eu pensava, que países pequenos, mas tão culturalmente ricos e antigos como a Bulgária, a Romênia e a Polônia, possuem mais centros de pesquisa e produzem um volume muito maior do que o nosso de estudos e livros sobre "tradições populares"? O búlgaro que eu conheci em Pirenópolis continuou falando e me dizia que, quem sabe? Por isso, festas como aquela em Goiás tocavam fundo nele. "As pessoas parece que estão se divertindo", disse, "mas elas fazem isso pra não esquecer quem são".

Antes de os 12 cavaleiros mouros e os 12 cristãos entrarem solenes no "campo das Cavalhadas", atrás da orquestra da cidade, já haviam chegado ali bandos divertidos de mascarados a cavalo. Tudo à volta parecia um carnaval equestre onde ninguém podia deixar de ser engraçado, quase ridículo. Os jovens cavaleiros vinham vestidos de coloridos trajes gaiatos e cobriam o rosto com enormes máscaras de bois e outros bichos. Galopavam desajeitados com extrema habilidade e, de vez em quando, um deles se despencava cômico do cavalo. Faziam tudo às avessas do que fariam, um pouco mais tarde, os cavaleiros cristãos a mouros que, vestidos de azul e vermelho, entrariam na arena com lanças e espadas.

Eu me perguntava o que podia haver ali e em tudo o que eu vira desde a véspera em Pirenópolis que pudesse ser "pra não esquecer quem são". Um preto, pedreiro, se veste de guerreiro numa manhã de 13 de maio e passa o dia dando saltos enormes para o ar, repetindo vezes sem conta o estribilho do que ele crê que seja uma antiga canção tribal de algum povo da África que ele sequer sabe onde fica. Que sérias lições de economia política valem mais do que os cantos desse negro no meio da noite? E por que as mulheres do vale do Jequitinhonha pintam flores de maravilha nas moringas que fazem? Por que esculpem difíceis seres tão fantásticos nos seus potes de barro? Por que os foliões de Santos Reis viajam dias e dias sob as chuvas de dezembro e janeiro cantando velhas toadas de casa em casa, ao som de violas e rabecas? Por que dançam noites a fio as pessoas pobres do país, vestidas de farrapos nos dias de trabalho, vestidas de reis nas noites de festa? Por que as pessoas contam e recontam as estórias que ouviram dos avós e entre si repetem lendas do sertão? Por que criam? Por que cantam? Por que simbolizam? Por que dançam? Por que crêem? Por que não são apenas práticas e funcionais e, afinal, não dividem os seus dias entre a fábrica e a

TV Globo? Por que, ao contrário, não cessam de caçar os sinais da beleza, da crença a da identidade rústica que existem *nas* coisas que nós, eruditos e urbanos, chamamos de folclore?

Essas e outras são as perguntas que eu quero fazer aqui, leitor, e procurar responder.

SANTO ANTÔNIO DOS OLHOS D'ÁGUA

Santo Antônio dos Olhos d'Água é um povoado em Goiás não muito longe de Pirenópolis. Um "arraial", como se diz em Minas, um "patrimônio", como se diz por lá. Deve haver inúmeros outros com o nome parecido e a vida igual: Santo Antônio dos Olhos d'Água.

Nesse lugar de lavradores camponeses — uma população de pequenos proprietários de suas terras, que as cultivam com o trabalho da família — quase todos acordaram cedo, antes do sol, e as mulheres acordaram antes dos homens. Coaram o café e, agora, no escuro da noite batucam um punhado de arroz nos pilões. Melhor é a sorte de quem tem um monjolo que pila sozinho o arroz, no meio da noite. Ao passar no alvorar da manhã pela frente do pequeno oratório caseiro, uma das mulheres terá dito uma reza breve. Uma dessas que não se diz mais nas igrejas, nem em latim e nem em português, mas que a memória do povo do lugar guardou para os muitos usos do cotidiano. Para acompanhar o ritmo do trabalho de "socar o pilão" ela lembra de cantar uma velha cantiga que aprendeu com a mãe e que ninguém sabe ao certo de onde veio, nem de quem. De entremeio com a cantiga a mulher grita para a filha mais velha que não demore em encher de água fresca as cabaças que os homem levarão pro lugar do "eito", penduradas no cabo da enxada. Ela zanga com os "pequenos" que cedinho já correm pelo quintal e sujam a roupa nos salpicos de lama da chuva que caiu a noite inteira. "Mudança de tua com chuva na cheia", sinal de ano bom de água pra lavoura do arroz.

Com os apetrechos usuais da gente da roça — o isqueiro de binga, a palha de milho, o canivete e o toco de fumo de rolo — o marido enrolou um primeiro cigarro e, depois de soprar pro resto do escuro da madrugada uma nuvem de fumaça, ele chamou os dois filhos mais velhos e um irmão mais moço, e saiu com eles a caminho do lugar da lavoura.

Depois que a mulher despachou "os homens" ela reuniu numa gamela punhados de arroz pilado e começou a preparar, junto ao fogão de lenha, o almoço da família. Um pouco mais tarde, quando todos os cuidados da casa estavam em ordem, ela voltou ao trabalho no tear que um dia o seu avô construiu para a sua avó e que ela herdou da mãe junto com os segredos do ofício de fiadeira. Com a ajuda da filha mais velha foi mais fácil preparar o algodão que meses antes o marido plantara e a família colhera. Isso em outubro, de acordo com as crenças do lugar, "na quadra da minguante", melhor ainda, "no dia 12". Assim se crê, assim se faz. E o plantio tem os seus rituais: no começo do eito é bom fazer "o nome do Pai", e depois de semeado ajuda olhar o trabalho feito e dizer: "Eu plantei e vou zelar e Deus é quem dá". Tem gente que usa rezar também a oração da "Estrela do Céu". O trabalho bem feito garante a colheita, mas não só ele. "O homem põe,

Deus dispõe", dizem. Ditos que as pessoas repetem, de uma sabedoria de autor sem nome.

A polpa branca do algodão foi passada no "escaroçador" que separou dela os grãos de semente. Ela foi depois cardada e os finos rolos das "pastas" viraram na "roda" (a roca) fios de linha prontos para o tear, depois de tingidos.

Como as outras fiadeiras do lugar, a mulher leu nos traços desenhados na "receita" o tipo de desenho que usaria para fazer aquele pano. Havia muitos: *o fiampu, o liso de meia pareia, o liso empareado, a siriguia.*

Na roça os homens tocavam o dia todo o trabalho do "eito", mas quando o marido mediu com os olhos o feito e o por fazer, descobriu que nem com a ajuda das mulheres da casa conseguiria terminar a tempo o preparo do terreno para o plantio. As primeiras chuvas "das águas" começavam a cair e ainda faltava um bom pedaço pra limpar e arar.

Nessa noto se falou pouco num dos ranchos de lavradores do patrimônio de Santo Antônio dos Olhos d'Água. Sem que um dissesse nada ao outro, marido e mulher fizeram promessas aos seus padroeiros. Ele a Santos Reis, de quem é devoto e folião desde menino. Ela a São Sebastião, Se o voto fosse valido ele afinal haveria de "pegar o encargo" da Folia do outro ano e no dia 6 de janeiro faria a "festa do santo" na sua casa.

Mas na madrugada de um outro dia as pessoas da família foram de repente acordadas com toques de viola e sanfona. Com tiros de rojões, primeiro longe, na porteira do sítio, depois mais perto, na porta da casa. Foram acordados com o alegre cantorio dos "traiçoeiros". Eles cantavam:

> *Ó senhor dono da casa*
> *Meu amigo e companheiro,*
> *Saia na porta da frente*
> *Receber os traiçoeiros".*

e muitas quadras de uma alegre música sertaneja, até quando as pessoas da casa acordaram e vieram receber quem cantava do lado de fora. Um vizinho e "cumpadre" percebera que a família não teria tempo de preparar o terreno da roça para a lavoura do ano. Ele visitou alguns outros vizinhos e, juntos, combinaram a "traição", "treição", como alguns dizem. Um tipo de "mutirão", um "adjutório" de surpresa. Um dia inteiro de trabalho coletivo e não remunerado, pra que o "dono do mutirão" ponha em dia as suas terras e salve o tempo de semear.

Enquanto se fazia o "trato" do mutirão, a mulher coava café e servia aos homens. Os de perto voltaram pra suas casas e os de mais longe ficaram por ali mesmo, proseando e esperando a hora do eito, depois que alvorasse o dia. Ficaram contando "causos", estórias antigas de longe e do lugar. Dois ou três ponteavam na viola e no violão os "toques" que de noite dariam no "pagode" da festa do mutirão.

Quando o dia clareou os homens saíram para o lugar da roça, distribuíram entre si as porções do terreno a preparar e começaram o trabalho. Faziam isso cantando músicas "do eito" e nelas, ora se animavam para o trabalho, ora faziam troças com o "patrão".

Esparramadas pela casa, as mulheres dividiam os afazeres de sua parte no "muxirão". Cuidavam da comida do almoço e da janta festiva, no fim do trabalho dos homens. Pelo terreiro, outras começavam um mutirão de fiadeiras. As tarefas que a mulher da casa fez aos poucos, no correr dos dias, com a ajuda da filha, as mulheres do lugar faziam agora, de uma vez, juntas: algumas usavam o "escaroçador", outras cardavam o algodão e entregavam às que faziam os fios na "roda" as "pastas" prontas. Outras ainda juntavam fios de três cores e faziam o difícil trabalho da "urdidura", que apronta no tear a trama dos fios a serem tecidos. As moças, a um canto, contavam entre si casos recentes de festas e namoros, as velhas cantavam cantigas antigas, juntas, que também ninguém mais sabia de onde vinham.

> *"Cresce, Tereza, cresce,*
> *Você cresce, Terezinha,*
> *Que quando você crescer*
> *Vai ser namorada minha."*

E emendavam quadras com quadras, umas alegres, outras tristes, mas sempre com um ritmo que ajudasse o trabalho dos pés e das mãos.

Quando a labuta do dia ficou pronta, na "lavoura" e no quintal, alguns metros de tecido de algodão e muitos metros de terra de plantio ficaram prontos para os seus usos. As mulheres do mutirão de fiadeiras voltaram à lida dos preparos imediatos da janta, enquanto os homens voltavam pra casa. Segurando pontas dos dois lados das enxadas, quatro deles fizeram um "quadro" dentro do qual veio o "dono do trabalho". Os lavradores de Santo Antônio dos Olhos d'Água voltavam cantando a alegria do trabalho feito e pedindo ao "dono" a cachaça que mereciam. Na porta da casa, cantando ainda, eles entregaram o "dono" à "mulher", que pediu a reza de um terço a São Sebastião antes da janta. Dois rezadores, que minutos antes capinaram com os outros a terra, puxaram rezas e cantorios do terço. Algumas eram orações sabidas de todos, como o "Pai Nosso". Mas outras eram rezas antigas dos segredos da roça, que só as mulheres mais velhas sabiam responder. Rezado o terço se fez o "beijamento do altar", e quando os ofícios do terço acabaram, o dono da casa chamou todos a que viessem comer. Depois da "janta" os homens afastaram os poucos móveis da casa e formaram as duas filas de uma dança chamada "catira". Puxados pelos cantos e toques de um par de violeiros, repetiram noite adentro os entremeios de palmeados e sapateios. Do lado de fora da casa moças e rapazes dançaram aos pares um "pagode" sob os olhos de algumas mulheres mais velhas, atentas ao que acontecia, pra que ninguém mais ousado fugisse aos costumes.

Quando no quase começo do claro de um outro dia as pessoas da "traição" despediram-se dos "donos do mutirão", muitos acontecimentos do que as pessoas de fora do lugar chamam de folclore haviam acabado de ser vividos pela gente camponesa de Santo Antônio dos Olhos d'Água.

Os "causos" contados durante o dia e na festa: mitos, estórias, lendas, narrativas antigas, perdidas no tempo, transmitidas de uma geração à outra sem que ninguém se lembre de um autor ou de uma origem. Os costumes e as crenças do lidar com a natureza, tanto no trabalho da lavoura quanto no artesanato do algodão. As promessas feitas aos santos e os ritos com que o homem e a mulher irão cumpri-las, cada um a seu tempo. Os ditos dos provérbios com que as pessoas memorizam a sabedoria codificada, mas não escrita. O saber que há em todas as formas rústicas do trabalhador: na roça, na cozinha, no tear. Os rituais coletivos da "treição", do dia de trabalho no "mutirão", da reza do terço e das danças da noite. Da mesma maneira, as bonecas de pano das meninas, a colcha de algodão das fiadeiras, o próprio tear roceiro, o rancho de adobe coberto de palha.

Como um sistema que a tudo unifica e dá sentido próprio, original: *o modo de vida* camponês que estrutura formas de sentir, pensar, de representar o mundo, a vida e a ordem social, de trocar entre as pessoas bens, serviços e símbolos, de criar e fazer segundo as regras da sabedoria tradicional e os costumes que as pessoas seguem com raras dúvidas. Situações, relações, representações e objetos atuais e, no entanto, vindos de uma tradição perdida no tempo. Quem sabe, um tempo anterior ainda ao "tempo dos antigos", que a memória dos velhos não quer esquecer? Um tempo em que havia "fartura" e "respeito" e de onde se crê em Santo Antônio dos Olhos d'Água que vieram todas as coisas boas do mundo.

FOLK-LORE, FOLKLORE, FOLCLORE: EXISTE?

O que eu disse no final do capítulo anterior, pouco antes de sairmos juntos, leitor, de Santo Antônio dos Olhos d'Água, combina com o que um antropólogo, Marius Barbeau, escreveu a respeito em um dicionário de folclore, mitologia e lendas:

Sempre que se cante a uma criança uma cantiga de ninar; sempre que se use uma canção, uma adivinha, uma parlenda, uma rima de contar, no quarto das crianças ou na escola; sempre que ditos, provérbios, fábulas, estórias bobas e contos populares sejam reapresentados; sempre que, por hábito ou inclinação, agente se entregue a cantos e danças, a jogos antigos, a folguedos, para marcar a passagem do ano e as festividades usuais; sempre que uma mãe ensina a filha a costurar, tricotar, fiar, tecer, bordar, fazer uma coberta, trançar um cinto, assar uma torta à moda antiga; sempre que um profissional da aldeia (...) adestre seu aprendiz no uso de instrumentos e lhe mostre como fazer um encaixe e um tarugo para uma junta, como levantar uma casa ou celeiro de madeira, como encordoar um sapato-raqueta de andar na neve (...) aí veremos o folclore em seu próprio domínio, sempre em ação, vivo e mutável, sempre pronto a agarrar e assimilar novos elementos em seu caminho. Ele é antiquado, depressa recua de primeiras cidadelas ao impacto do progresso e da indústria modernos; é o adversário do número em série, do produto estampado e do padrão patenteado". ("Uma definição de folclore", artigo de Francis Lee Utley incluído em *O folclore dos Estados Unidos*).

Poesia à parte, se o folclore é isso, talvez não seja muito difícil compreender o que ele é. Mas acontece que ele, ao mesmo tempo, pode ser muito menos ou muito mais do que isso. Na cabeça de alguns, folclore é tudo o que o homem do povo faz e reproduz como tradição. Na de outros, é só uma pequena parte das tradições populares. Na cabeça de uns, o domínio do que é *folclore* é tão grande quanto o do que é *cultura*. Na de outros, por isso mesmo folclore não existe e é melhor chamar *cultura*, *cultura popular* o que alguns chamam *folclore*. E, de fato, para algumas pessoas as duas palavras são sinônimas e podem suceder-se sem problemas em um mesmo parágrafo. Bráulio do Nascimento, diretor do Instituto Nacional do Folclore, diz o seguinte na Introdução de um álbum sobre o Museu de Folclore Édison Carneiro: "A cultura popular pode intervir como elemento moderador no processo cultural, pois dispõe de instrumentos próprios para o equilíbrio necessário ao seu harmônico desenvolvimento". Um mesmo tom ele usa mais adiante, e muda apenas uma palavra pela outra: "A valorização do folclore, o reconhecimento da importância das manifestações populares na formação do lastro cultural da nação, constituem procedimentos capazes de assegurar as opções necessárias ao seu desenvolvimento". Com muita sabedoria, Luís da Câmara Cascudo mistura uma coisa com a outra e define *folclore* como "a cultura do popular tornada normativa pela tradição".

Para outros pesquisadores do assunto há diferenças importantes entre *folclore* e *cultura popular*. Vizinhos, eles não são iguais, e sob certos aspectos podem ser até opostos. Não são poucas as pessoas que acreditam que os dois nomes servem às mesmas realidades e, apenas *folclore* é o nome mais "conservador" daquilo de que cultura popular é o nome mais progressista. Para esta mesma coleção, Antônio Augusto Arantes escreveu *O que é cultura popular*, e eu sugiro a leitura do seu livro, leitor, junto com este.

Numa loja de discos na Argentina e em outros países da América do Sul, "folklore" é a divisão onde se põe o que não é tango, música estrangeira (inclusive a brasileira) e música erudita. Serve para separar os discos de Astor Piazolla, Chico Buarque e Beethoven dos de Mercedes Sosa, Violeta Parra e Atahualpa Yupanqui. Aqui no Brasil não se usa a mesma divisão e, assim, Astor Piazolla e Mercedes Sosa podem ficar juntos em "música latino-americana", separados de Martinho da Vila e Chico Buarque de Holanda, que ficam em "música popular brasileira", longe tanto de Sulino e Marrueiro e Tonico e Tinoco, que vão para "música sertaneja", quanto de Beethoven e Villa-Lobos, que, no fundo da loja, ficam em "clássicos", ou em "música erudita". Uma loja criteriosa poderia abrir uma divisão à parte para: "Instrumentos Populares do Nordeste", "A Nau Catarineta", "Música do Povo de Goiás", discos de Marcus Pereira. Discos de "música folclórica".

Do lado de lá da cerca que separa quem faz o folclore e quem o estuda, as pessoas do povo que criam o *popular* e o seu *folclore* não usam muito a primeira palavra e quase sempre sequer conhecem a segunda. Ou então repetem nomes: "Folclore", "fouclore", "forclore", "floclore" como algo aprendido de fora, junto a quem veio estudar. Assim aconteceu com um terno de Catupé que desfilava numa manhã de festa de Nossa Senhora do Rosário em Catalão, no sul de Goiás. Antes do estandarte de São Benedito, duas bandeirinhas carregavam um outro onde estava escrito:

Em Fouclore, Catupé-Cacunda
Agradece e Pede Passagem.

Assim também, numa carreira de Cururu paulista cantada por Ely Camargo se diz:

> *Ai lai, lai, fai*
> *Cantarei outra toada,*
> *Ai lai, lai, lai*
> *É na carreira do a,*
> *Ai lai, lai, fai*
> *Vou falar pra quem me ouve*
> *Que o folclore é coisa séria*
> *Como no mundo não há...*

Ora, já que nossa curta viagem pelo folclore tem vários caminhos, comecemos com o que dizem dele os próprios folcloristas. Muito antes de haver surgido o nome "folklore", havia historiadores, literatos, músicos eruditos, arqueólogos, antropólogos, antiquaristas, linguistas, sociólogos, outros especialistas e alguns curiosos estudando os *costumes* e as *tradições populares*, a que mais tarde se deu o nome de folclore.

E esse estranho nome inventado da fusão de outros dois apareceu pela primeira vez em uma carta que um inglês, William John Thoms, escreveu para a revista *The Atheneum*, de Londres, em agosto de 1856:

> As sua páginas mostraram amiúde o interesse que toma por tudo quanto chamamos, na Inglaterra, 'Antiguidades Populares', 'Literatura Popular' (embora seja mais precisamente um saber popular que uma literatura, e que poderia ser com mais propriedade designado com uma boa palavra anglo-saxônica, Folk-Lore, o saber tradicional do povo) e que não perdi a esperança de conseguir a sua colaboração na tarefa de recolher as poucas espigas que ainda restam espalhadas no campo no qual os nossos antepassados poderiam ter obtido uma boa colheita...

Folclore é uma palavra que já nasceu entre parênteses. A palavra proposta por Thoms não vingou de saída, e quase que o *Folklore* vira *folclore*. Sem usar o nome e reconhecer o convite a uma nova ciência, as pessoas citadas mais acima seguiram fazendo a coleta e, às vezes, a análise comparativa — muito em voga então — de repertórios míticos, rituais, de literatura primitiva ou popular, de costumes.

> Tampouco devemos supor que faltava totalmente nesse período a noção da unidade do folclórico. Às vezes os coletores associavam em uma obra diversas espécies de semelhante filiação: contos e lendas, como produções literárias; refrões, máximas, sentenças e ditos, por analogia de índole; usos, crenças, tradições, cerimônias e o clássico par 'trajes e costumes'. No entanto, em qualquer caso a unidade essencial do popular manifestava-se debilmente e apenas no grupo das espécies chamadas 'espirituais'. Pouco ou nada interessavam então as espécies 'materiais" como objeto de estudo. (Carlos Verga, *La ciencia del folclore*).

Apenas 32 anos depois da carta de Thoms um grupo de tradicionalistas, mitólogos, arqueólogos, pré-historiadores, etnógrafos, antropólogos, psicólogos e filósofos fundou em Londres uma Sociedade de Folclore. Um pouco mais tarde alguns estudiosos do assunto sugeriram que *folclore* (com minúscula) significasse modos de saber do povo e *Folclore* (com maiúscula), o saber erudito que estuda aquele saber popular. Os ingleses que em 1878 fundaram a Sociedade de Folclore consideravam como objeto dos seus estudos:

— As *narrativas tradicionais*, como os contos populares, os mitos, lendas e estórias de adultos ou de crianças, as baladas, "romances" e canções;

— Os *costumes tradicionais* preservados e transmitidos oralmente de uma geração à outra, os códigos sociais de orientação da conduta, as celebrações cerimoniais populares;

— Os *sistemas populares de crenças e superstições* ligados à vida e ao trabalho, englobando, por exemplo, o saber da tecnologia rústica, da magia e feitiçaria, das chamadas ciências populares;

— Os *sistemas e formas populares de linguagem*, seus dialetos, ditos e frases feitas, seus refrões e adivinhas.

Até hoje, tanto nos Estados Unidos quanto em alguns países da Europa, como os da Escandinávia, predomina — não de forma absoluta — a ideia de que faz parte do folclore apenas o que pode ser incorporado à categoria de *literatura oral*, que, no seu sentido mais amplo, inclui as produções orais ("espirituais", dirão alguns) do saber popular e exclui os processos de produção e os produtos deste saber, sob a forma de cultura material.

Entre o final do século passado e o começo deste, várias maneiras de definir o folclore como o "equipamento mental" de um povo tornaram-se corriqueiras. Paul Sebillot considerava-o como "uma espécie de enciclopédia das tradições, crenças e costumes das classes populares ou das nações pouco avançadas". Franz Boas, um antropólogo alemão que viveu nos Estados Unidos e teve uma Importância muito grande na formação da Antropologia Cultural norte-americana, definia o folclore como "um aspecto da Etnologia que estuda a literatura tradicional dos povos de qualquer cultura". Este modo de compreender o folclore estabelece dois pontos que pelo menos aqui no Brasil acabaram por ser sempre polêmicos. Primeiro, estende o folclore à cultura primitiva, aos mitos, lendas e cantos, por exemplo, das sociedades tribais dos índios do Brasil. Segundo, considera o Folclore como uma disciplina diferenciada de uma ciência, a Antropologia, e não como uma ciência autônoma.

Arthur Ramos, um dos pioneiros do estudo sistemático do folclore brasileiro, compreendia-o como "uma divisão da Antropologia Cultural que estuda os aspectos da cultura de qualquer povo, que dizem respeito à literatura tradicional; mitos, contos, fábulas, adivinhas, musica e poesia, provérbios, sabedoria tradicional e anônima".

Pouco a pouco, mas não em todos os lugares, a ideia de *folclore* como apenas a *tradição popular*, as *sobrevivências populares*, estendeu-se a outras dimensões. Dimensões mais atuais, mais associadas à vida do povo, à sua capacidade de criar e recriar. Tudo aquilo que, existindo como forma peculiar de sentir e pensar o mundo, existe também como costumes e regras de relações sociais. Mais ainda, como expressões materiais do saber, do agir, do fazer populares. Não apenas a legenda do herói ancestral, o *mito* (aquilo que muitas vezes explica, tanto a camponeses quanto a índios, a origem do mundo e de todas as coisas), mas também o rito, a celebração coletiva que revive o mito como festa, com suas procissões, danças, cantos e comilanças cerimoniais. Não apenas a celebração, o rito, o ritual, mas a própria vida cotidiana e os seus produtos: a casa, a vestimenta, a comida, os artefatos do trabalho, os instrumentos da fiadeira que vimos em Olhos d'Água algumas páginas atrás. Mais do que isso, o seu trabalho, o processo de fazer a colcha com o saber próprio de uma cultura típica.

Aqui no Brasil, por exemplo, existe um consenso de que a Carta de Folclore Brasileiro, saída do I Congresso Brasileiro de Folclore, teria estabelecido pela primeira vez com clareza o que deve ser considerado como folclore:

1. O I Congresso Brasileiro de Folclore reconhece o estudo do Folclore como integrante das ciências antropológicas e culturais, condena o preconceito de só considerar folclórico o fato espiritual e aconselha o estudo de vida popular em toda sua plenitude, quer no aspecto material, quer no aspecto espiritual,
2. Constituem o fato folclórico as maneiras de pensar, sentir e agir de um povo, preservadas pela tradição popular e pela imitação, e que não sejam diretamente influenciadas pelos círculos eruditos e instituições que se dedicam ou à renovação e conservação do patrimônio científico e artístico humano ou à fixação de uma orientação religiosa e filosófica.

3. São também reconhecidas como idôneas as observações levadas a efeito sobre a realidade folclórica, sem o fundamento tradicional, bastando que sejam respeitadas as características de fato de aceitação coletiva, anônimo ou não, e essencialmente popular.
4. Em face da natureza cultural das pesquisas folclóricas, exigindo que os fatos culturais sejam analisados mediante métodos próprios, aconselha-se, de preferência, o emprego dos métodos históricos e culturais no exame e análise do Folclore.

As linhas acima foram decididas e escritas em 1951. Trinta anos depois algumas ideias evoluíram. No entanto, para a maior parte dos foicloristas elas ainda podem ser tomadas como base para o estudo do folclore.

Procuraremos, leitor, aprofundar um pouco mais a compreensão de algum elementos considerados pelos folcloristas como fundamentais na determinação do *fato folclórico*, desde logo compreendido como um *fato cultural* com características próprias.

Em cima de sua mesa imagine três livros, três discos e três pratos de comida. Um prato contém uma refinada salada mista, o outro, feijão com arroz e bife acebolado e o terceiro, uma porção de "pato no tucupi". Um disco é das *cirandas e cirandinhas* de Heitor Villa-Lobos, o outro, de sambas de Martinho da Vila e o terceiro, um disco de anônimas e tradicionais modinhas infantis do norte de Minas (Marcus Pereira fez um). O primeiro livro é o *Sagarana*, de João Guimarães Rosa, o segundo o *Cante lá que eu canto cá*, de Patativa do Assaré, e o terceiro uma coletânea de lendas e mitos do Rio Grande do Sul. Se a mesa e as coisas existirem de fato diante de você, leitor, ali tudo o que há são produtos da cultura: coisas da natureza transformadas pelo trabalho do homem sobre ela e significadas através do trabalho que o homem faz sobre si mesmo. São construções de objetos, sons, símbolos e significados. No entanto, algumas pessoas poderiam dizer que o prato com a salada mista, o livro de contos de Guimarães Rosa e o disco de Villa-Lobos são parte da *cultura erudita*; feijão com arroz e bife acebolado (pelo menos no tempo em que todo mundo comia bife), os poemas de Patativa do Assaré e os sambas de Martinho da Vila são expressões de *cultura popular*; pato no tucupi, lendas e mitos do Rio Grande do Sul e o disco de cantigas das crianças do norte de Minas são *folclore, cultura de folk*, ou são — o disco e o livro — sobre o folclore.

Essa divisão simples pode ser complicada. Martinho da Vila pode haver incluído no disco, tanto sambas seus, assinados, quanto um ou dois de "partido alto", anônimos, perdidos na memória do tempo e achados na de Clementina de Jesus. Villa-Lobos colocou no piano erudito modinhas que as crianças do povo cantam nas rodas de rua e ninguém sabe de quem são. Por outro lado, no momento em que uma catira anônima do sertão de Goiás é apresentada, depois de um momento de cantorio de uma Folia de Reis de Minas Gerais no Som Brasil do Rolando Boldrin, elas são a *cultura do folclore* veiculada através dos recursos da *cultura de massa*? Literatura de cordel é folclore?

Quem fez? Quem foi?

A criação do folclore é pessoal. Alguém fez, em um dia de algum lugar. Mas a sua reprodução ao longo do tempo tende a ser coletivizada, e a autoria cai no chamado "domínio público". A música erudita e a música popular da cidade eternizam o nome de seus autores, e o que "todo mundo canta" é de alguém que "todo mundo sabe". O folclore vive da coletivização anônima do que se cria, conhece e reproduz, ainda que durante algum tempo os autores possam ser conhecidos. Os provérbios que repetimos de vez em quando, os padrões das colchas de fiadeira ou das rendas de bilro, os modos artesanais de se fazer a pesca no mar, o sistema de rimas das modas do fandango paranaense, algumas marchas de rua e as longas e antigas "embaixadas" dos ternos de congos tiveram um dia seus criadores. Mas justamente porque foram aceitas, coletivizadas, com o tempo a memória oral, que é o caminho por onde flui o saber do folclore, esqueceu autorias, modificou elementos de origens e retraduziu tudo como um conhecimento coletivo, popular.

A caminho de uma "Folga de São Gonçalo" em Bom Jesus dos Perdões, mestre Mário, pedreiro, folgazão e capitão do Terno Verde de Atibaia, cantava algumas "modas" do seu terno. Depois de cantarolar para mim cada uma delas, fazia os seus comentários. Umas eram antigas, eram "do começo do mundo", tradicionalmente incorporadas ao repertório de cantos do "Camisa Verde" (não confundir com a Escola de Samba de São Paulo) e ao "folclore de Atibaia". Outras ele atribuía a um ou dois velhos "congos" da cidade. De outras ele próprio era o autor e, de repente, ali, na minha frente, ele começou a inventar urm moda, como fariam os repentístas do Nordeste ou os cantadores do Cururu. Um pesquisador de folclore que chegasse em Atibaia na noite de Sao João e visse os cantos e danças do "terno Camisa Verde", poderia anotar tudo como "música folclórica" dos congos de São Paulo". Mário de Andrade fez isso há muitos anos. Mas, entre eles, se sabe de quem e como as toadas são: umas, de todos, outras, de alguns, outras, de um só.

De um ponto de vista rigoroso, são propriamente folclóricas as toadas, cantos, lendas, mitos, saberes, processos tecnológicos que, no correr de sua própria reprodução de pessoa a pessoa, de geração a geração, foram incorporados ao modo de vida e ao repertório coletivo da cultura de uma fração específica do povo: pescadores, camponeses, lavradores, boias-frias, gente da periferia das cidades. Mas, de um ponto de vista mais dinâmico, o folclore pode abrir-se a campos mais amplos da cultura popular (a cultura feita e praticada no cotidiano e nos momentos cerimoniais da vida do *povo*, ou dos diferentes *povos* que há no povo) e incorpora aquilo que, sendo ainda de um autor conhecido, já foi coletivizado, incluído no "vivido e pensado" do povo, às vezes até de todos nós, gente "erudita" cuja vida e pensamento estão, no entanto, tão profundamente mergulhados nesse ancestral anônimo que nos invade o mundo de crenças, saberes, falares e modos de viver.

Algumas pessoas acreditam que só em meio à "cultura erudita" ou a uma "cultura popular urbana" existe uma criação nominada de autores individuais. Essa é uma maneira de pensar que herdamos dos colonizadores, para quem uma das diferenças entre a "elite letrada" e o "povo iletrado" é que ela "tem cultura" e, ele, não. Ao contrário, também nas comunidades populares de *cultura de folk* existem criadores individualizados, muitos deles, a seu modo e em sua dimensão, tão geniais quanto um Edu Lobo ou um Villa-Lobos. Raro é o lugar, ali, onde não existam e sejam comunitariamente reconhecidos: "mestres", "artistas", criadores de tecnologia, artesanato e arte do folclore.

A diferença está em que o fato folclórico é absorvido pela comunidade de praticantes e assistentes populares, justamente porque é aceito por ela e incorporado ao seu repertório de "maneiras de pensar, sentir e agir de um povo preservadas pela tradição popular..."

> O povo, aceitando o fato, toma-o para si, considerando-o como seu, e o modifica e o transforma, dando origem a inúmeras variantes. Assim, uma estória é contada de várias maneiras, uma cantiga tem trechos diferentes na melodia, os acontecimentos são alterados e o próprio povo diz: 'quem conta um conto, acrescenta um ponto. A mesma coisa acontece com as danças, o teatro, as técnicas. Tudo pode ser modificado, porque o povo dança mas suas, danças não tem regulamento, não são codificadas; tanto pode o conjunto de dançadores dar três voltas completas, como apenas uma, a indumentária tanto pode ser rica e colorida como simples e ingênua. Há, contudo, uma certa estrutura que determina aquela dança, aquela estória, aqueia indumetéria, aquela cerâmica, a as modificações não invalidam o modelo. (Maria de Lourdes Borges Ribeiro, *Que é folclore?*).

Uma tradição que sempre se renova

A coletivização da criação popular que se torna *folclore*, que se converte em *fato folclórico*, é a condição de sua dinâmica. Quando se dizia no passado, de modo mais restritivo, e quando se diz até hoje, de modo menos rigoroso, que o folcfore tem a ver com as tradições populares, não raro se cai na armadilha de imaginá-lo como a pura sobrevivência intocada. Como a descida do "erudito" para o "popular" de algo que foi criativo e dinâmico em seus lugares e grupos sociais de origem e que, tomado "popular" por uma espécie de decadência cultural na passagem de uma classe à outra, tornou-se "sobrevivência", resquício de culturas paradas no tempo.

No entanto, tudo é movimento em qualquer tipo de cultura, exista ela no interior de uma classe ou no território ambíguo da passagem de uma à outra. Se alguns rituais religiosos do catolicismo popular foram criados por artistas e sacerdotes eruditos e um dia migraram da nave das igrejas para os cantos da roça, as cirandas e cirandinhas de Villa-Lobos vieram dos cantos da roça para os pianos dos salões.

Aquilo que se reproduz entre pescadores, índios e camponeses como saber, crença ou arte reproduz-se enquanto é vivo, dinâmico e significativo para a vida e a circulação de trocas de bens, de serviços, de ritos e símbolos entre pessoas e grupos sociais. Enquanto resiste a desaparecer e, preservando uma mesma estrutura básica, a todo momento se modifica. O que significa que a todo momento se recria.

A estrutura básica de um ritual de negros — moçambiques, congos, marujos — é a mesma. Mas, ao longo dos anos e no esparramado dos lugares onde ele foi sendo recriado, as diferenças do processo ritual foram estabelecidas. Uma mesma velha cidade mineira não possui dois ternos iguais. Cada mestre improvisa, recria, "deixa a sua marca" e introduz novos padrões de canto, coreografia e vestimenta.

Há inúmeras razões para isso, e a primeira é a mais pessoal. O ser humano é basicamente criativo e recriador e os artistas populares que lidam com o canto, a dança, o artesanato modificam continuamente aquilo que um dia aprenderam a fazer. Essas são as regras humanas da criação e do amor: fazer de novo, refazer, inovar, recuperar, retomar o antigo e a tradição, de novo inovar, incorporar o velho no novo e transformar um com o poder do outro. "É sempre igual", dizia um dançador de jongo de São Luís do Paraitinga, "mas é sempre diferente". "O pensamento é comum", dizia um lavrador de Goiás, explicando as uniformidades dos estilos de "moda de catira", "mas o comentário é de cada um". O que não é muito diverso da sabedoria relativista de um homem do povo em Ouro Preto, conversando com alguns amigos meus: "Assim sim, mas assim também não". Há razões de outra ordem. Muitas vezes, a redução do número de atores de um grupo de Bumba Meu Boi do Maranhão obriga a que os seus praticantes alterem padrões antigos do ritual. Da mesma forma, o desaparecimento de alguns materiais de tecnologia e artesanato populares e o aparecimento de novos podem determinar alterações criativas na feitura de uma colcha, de uma vestimenta de marujos ou de um barco de pesca. "Quando é difícil fazer de palha, nós faz de plástico", dizia um "boneco" de Folia de Santos Reis, explicando alterações recentes em sua máscara. Um ritual praticado num contexto camponês pode ser modificado substancialmente quando os seus praticantes migram para a periferia da cidade e saem do trabalho com a terra para um trabalho operário.

Por isso mesmo, uma das características mais críticas do folclore é a tradicionalidade. Não há folclorista que não fale nela, não há folclorista que não precise explicá-la. Mas até hoje sempre se teve uma atitude entre romântica e desconfiada para com o que é tradicional. Tem o cheiro do conservador, do velho e defasado. No entanto, estudos de alguns antropólogos têm recentemente demonstrado que muitas vezes uma *cultura popular tradicional* assim é justamente porque há nisso um forte e dinâmico teor de resistência política às inovações impostas pelo colonizador ou pelas classes, dominantes. O conteúdo e a forma tradicionais dos modos de "sentir, pensar e agir" do índio, do povo colonizado, da comunidade camponesa são uma forma de resistir a padrões equivalentes, modernos e incorporados à força como instrumentos de dominação através da destruição de valores próprios de cultura. Como era mesmo aquela história das saias das mulheres búlgaras?

A cultura do folclore não é apenas "culturalmente" ativa. Ela é também politicamente ativa. É um codificador de identidade, de reprodução dos símbolos que consagram um modo de vida de classe. Só a partir daí é que tem sentido pensar a questão da tradicionalidade. Daquilo que pode ser "antiquado" e "conservador" do ponto de vista externo das classes eruditas, mas que é vivo e atual para as classes produtoras e useiras de sua própria cultura. Voltaremos a isso, leitor.

> Os fenômenos folclóricos também são fenômenos da cultura, passíveis portanto de serem estudados individualizadamente. Não são porém coisas mortas; são uma realidade concreta, dinâmica, numa constante readaptação às novas formas assumidas pela sociedade. (Vicente Salles, *Questionamento teórico do folclore*).

Uma novidade que sempre se preserva

Fora o ser preferentemente anônimo e socialmente coletivizado, fora ser uma fração tradicional da cultura popular, ainda que em movimento, recriando-se, uma outra característica do fato folclore é ele ser persistente. O folclore perdura, e aquilo que nele em um momento se recria, em um outro precisa ser consagrado. Precisa ser incorporado aos costumes de uma comunidade e, ali, conservar-se por anos e anos, de uma geração a outra. Por isso são raros os "modismos" de folclore. Ao contrário do que acontece com a cultura erudita ou popularizada através de meios de comunicação de massa, onde os produtos culturais exibem padrões de curta duração, os do folclore, mesmo quando renovados por necessidade de adaptação a novos contextos, ou pela iniciativa criadora de seus praticantes, preservam por muito tempo os mesmos elementos dentro de uma mesma estrutura. Fiadeiras de Minas e rendeiras do litoral do Nordeste fazem hoje, com algumas poucas inovações, colchas e rendas que de geração em geração atravessaram séculos. Do mesmo modo, algumas toadas e modas de rituais religiosos do catolicismo popular não são hoje muito diferentes de como eram cantados aqui no Brasil há trezentos anos. As modas de viola da música sertaneja modificam-se em um ritmo intermediário entre a música folclórica e, sobretudo de alguns anos para cá, a MPB — Música Popular Brasileira.

Como ficam esses indicadores do fato folclórico: ser popular, anônimo, coletivizado, tradicional e persistente, funcional à sua cultura e passível de modificações, quando os modos de sentir, pensar e fazer do povo são observados no seu todo? Quando são compreendidos no interior dos contextos sociais onde existe e se reproduz a criação popular, de que uma fração é o folclore?

Algumas das mais bonitas Folias de Santos Reis do Rio de Janeiro estão no morro de Mangueira. Provavelmente, migrantes de áreas rurais do Rio e de Minas Gerais terão conseguido preservar até hoje este ritual camponês em plena favela. Como as condições de "giro da Folia" (a jornada de 7 ou de 13 dias, de casa em casa, saudando pessoas pedindo esmolas para a "Festa de Santos Reis" e distribuindo bênçãos) na cidade são muito diferentes das condições do meio rural, por certo várias modificações terão sido introduzidas neste antiquíssimo rito religioso popular do Ciclo do Natal. Modificado e persistente, ele se preserva como um fato folclórico para nós, como uma devoção religiosa para os seus praticantes, "Foliões" e "palhaços" podem ser também membros de alguma das alas da "Escola de Samba Estação Primeira de Mangueira". Outros farão parte das rodas noturnas de samba do "partido alto". Os mais moços serão entusiasmados, serão torcedores de alguma "torcida organizada" do Flamengo. Foliões, sambistas, partideiros e torcedores são sujeitos atores de diferentes grupos da cultura do morro de Mangueira. De sua cultura profana e religiosa, tradicional e recente. Serão produtores de formas culturais criadas ali, ou trazidas de fora e difundidas. E aprendidas e, então, incorporadas à vida e aos rituais coletivos do Morro. Como tudo se passa entre favelados, entre categorias de sujeitos das classes populares vivendo situações de seu modo de vida: o do favelado, o do operário, o da empregada doméstica, é possível dizer que a Folia, a Escola de Samba, o Partido Alto e a Torcida Organizada são formas de cultura popular; apenas algumas expressões entre muitas outras do morro de Mangueira.

Os folcloristas reconhecem no ritual da Folia de Santos Reis um fato folclórico. Ela é uma persistência cultural popular, é uma tradição muito antiga do *catolicismo de folk*. É anônimo o ritual, não tem autor ou dono, embora cada "Companhia de Folia" tenha seu mestre, embaixador ou chefe. A Folia é um complexo rito coletivizado. Sobre uma estrutura básica que no Brasil se esparrama do Rio Grande do Sul ao Maranhão, há criações pessoais, há formas peculiares de cada "companhia" refazer e recriar.

Com menos certeza alguns folcloristas reconhecerão nas rodas de samba do Partido Alto um fato folclórico também. Como serão folclóricos os seus instrumentos típicos, construídos ali mesmo, no morro (os gatos que se cuidem). Mas quase todos os folcloristas tenderão a colocar fora de suas fronteiras de estudo a Escola de Samba, muito embora a Campanha de Defesa do Folclore Brasileiro — hoje o Instituto Nacional do Folclore — tenha publicado, faz alguns anos, uma muito importante "Carta do Samba", com estudos e definições fundamentais a respeito.

Para os antropólogos — alguns deles folcloristas também — tanto a Escola de Samba quanto a Torcida Organizada são formas de cultura popular. Da década de 1970 para cá multiplicaram-se os estudos antropológicos desses grupos de prática ritual coletiva. Para eles, mais relevante do que fixar rígidas fronteiras entre as modalidades de produção cultural popular no Brasil é o procurar compreender o que são e o que significam folias, escolas de samba, partidos altos e torcidas de futebol na vida e nas representações da vida, de sujeitos e grupos populares.

Não é difícil que daqui a alguns anos tenham desaparecido do morro de Mangueira as suas "Companhia de Santos Reis" e "rodas do Partido Alto". Na busca de fato folclóricos dos morros do Rio de Janeiro, é possível que os filhos dos folcloristas de hoje batam às portas das *tradicionais* escolas de samba, torcidas organizadas, blocos de carnaval e pequenas igrejas do pentecostalismo popular. Folias de Reis e rodas de Samba serão excelentes temas para os estudos dos historiadores da cultura.

De boca em boca, de mão em mão

Uma outra característica consensualmeme aceita sobre o fato folclórico é que ele se transmite de pessoa a pessoa, de grupo a grupo e de uma geração a outra, segundo os padrões típicos da reprodução popular do saber, ou seja, oralmente, por imitação direta e sem a organização de situações formais e eruditas de ensino-e-aprendizagem.

Os produtos da cultura erudita, sejam eles científicos, tecnológicos, religiosos ou artísticos, circulam através de livros, de revistas gerais ou especializadas, de emissoras de rádio e TV, de discos e fitas gravadas. Toda a maravilha da música de Mozart pode chegar até nós porque primeiro foi escrita, de acordo com os recursos e padrões eruditos de notação musical. Porque depois foi mil vezes gravada e regravada e levada ao ar pelo rádio e pela televisão. Mesmo os músicos que a executam na orquestra de um teatro têm à sua frente as pautas que seguem. São formas de cultura que se reproduzem por meio de agências formais e especializadas de transmissão do saber: a escola, a universidade, o seminário, o centro de ciência, a confraria de artistas ou de sacerdotes.

Há centros controladores da produção desta cultura. Meios de reprodução de uma cultura de massa que impõem gostos e padrões em dia a milhões de pessoas. Centrais de uma verdadeira *indústria cultural* que se volta hoje sobre a própria musica sertaneja (cada vez mais controlada por empresas de discos, por emissoras de rádio e programas sertanejos da televisão) e que se aproxima também do folclore. E, todos sabemos, para a indústria da cultura não há arte, devoção, tradição ou ritual. Há *produtos culturais* que interessam à indústria pelo seu valor comercial:

"Vendem? São bons."

Tradicionalmente, o saber popular que faz o folclore flui através de relações interpessoais. Pais ensinam aos filhos e avós aos netos. As crianças e os adolescentes aprendem convivendo com a situação em que se faz aquilo que acabam sabendo. Aprendem fazendo, vivendo a situação da prática do artesanato, do auto ou do folguedo. Do trabalho cultural. Observe, leitor, que rara é a oficina de artesanato popular e raro é o ritual festivo que não tenham lugares e "serviços" para os meninos, crianças que às vezes ocupam posições fundamentais, como os "conguinhos" dos ternos goianos, paulistas e mineiros do Congo, ou como os "requinteiros" das Folias do Divino do interior de Goiás.

O que até hoje não foi aí suficientemente estudado são as estruturas e as redes sociais que organizam e fazem funcionar as situações de transmissão do saber popular. A realidade de que a transmissão do saber do folclore seja oral, interpessoal não significa que nas comunidades camponesas, nas aldeias tribais, nos bairros rurais de São Paulo ou na periferia de Recife não existam redes de relações sociais que não só organizam e sustentam os *grupos*, os *temos*, as *oficinas*, as *companhias* — a sua vida, sua ordem interna, suas hierarquias, seu trabalho folclórico produtivo — quanto as redes de reprodução do saber do folclore na esfera dos seus próprios grupos, mas também nas da família, da parentela, da vizinhança, da equipe de trabalho.

Ao falar das características do folclore, tal como elas são hoje em dia consensualmente aceitas entre nós, é importante não deixar de lado a mais essencial: o folclore é vivo. Ele existe existente, em processo. No interior da cultura, no meio da vida e dos sonhos de vida das pessoas, grupos e classes que o produzem, o folclore é um momento de cultura e aquilo que não foi ele, há um século e meio atrás, pode estar sendo ele agora, nessa manhã de começo do outono em 1982. E pode deixar de existir ou de ser folclore, a partir de algum dia do começo da primavera no ano 2022.

AS DIMENSÕES DA CULTURA E A CULTURA DO FOLCLORE

Proponho que convoquemos o testemunho de dois grupos devocionais brasileiros que todos consideram como parte de nosso folclore, e que ao longo destes anos tenho estudado mais de perto, para aprofundarmos um pouco mais a questão da posição do folclore na dinâmica da cultura. Voltemos, portanto, aos congadeiros de quem já falei aqui e ali, e aos foliões de Santos Reis.

Gongos: negros na praça, no meio da rua

De Mário de Andrade a jovens pesquisadores mineiros do folclore, estudiosos de rituais do catolicismo popular considerado como "de negros" procuram rastrear suas origens. Antiquíssimas embaixadas guerreiras de sociedades tribais africanas trazidas para o Brasil pelos escravos? Um ritual com alguma memória africana, mas com uma estrutura europeia criada pelos negros aqui mesmo, no Brasil? Uma cerimônia de escravos permitida pelos senhores brancos e até incentivada, porque desviava dos interesses de rebelião os negros do passado? Esses aspectos não interessam muito aqui. Importa lembrar que diferentes rituais que envolvem ternos de guerreiros congos e moçambiques existem no Brasil há muito tempo, e as primeiras cerimônias a que estão ligados foram registradas por viajantes estrangeiros há cerca de 300 anos.

De acordo com os seus esquemas classificatórios, alguns estudiosos do assunto poderão chamar os ternos de negros, que invadem as ruas da cidade mineira de Machado, de *folguedo folclórico*. Para os ternos que possuem um tipo de teatro coletivo e popular, que entremeia danças e cantorios de marchas de rua com a representação de lutas entre dois povos (às vezes mouros e cristãos, às vezes dois povos africanos, às vezes Carlos Magno em um deles), alguns preferem atribuir o nome de *auto popular*, *auto folclórico*. O Bumba meu boi do Maranhão é um outro bom exemplo de um folguedo com um auto. Esta é a maneira de compreender e classificar própria do folclorista, do estudioso erudito que não dança na rua e estuda os que dançam. Em Antropologia se diz que esta classificação é a de um ponto de vista ético, científica e externa ao grupo de produtores populares do ritual. Para o velho capitão de um dos ternos, aquilo é uma devoção devida por promessa feita um dia ao padroeiro: São Benedito ou Nossa Senhora do Rosário, "Folguedo" pode ser o samba (samba rural) que se dança no meio da praça, depois das 10 da noite e de que ele mesmo pode vir participar, após "cumprir com a obrigação". Depois de colocar na rua e levar até a igreja do santo o seu terno de devotos guerreiros e dançadores.

O folclorista preocupado em registrar danças e cantos e em desenhar trajes e tipos de instrumentos pode não perceber que, sob aparentes atos de alegria coletiva em dia de "festa de santo", há uma série de preceitos devocionais a serem observados rigorosamente. Considerar a dança dos congos como uma forma de devoção católica a um padroeiro, como uma celebração de identidade ("isso é coisa de preto") é o ponto de vista *êmico*. É aquele que produzem e possuem os próprios praticantes do ritual, quando o contemplam e avaliam de dentro de sua própria cultura.

Um terno de guerreiros congos que desfila errante em um "13 de maio" pelas ruas de algum bairro de São Paulo terá sido algum dia, na cidade mineira de onde os seus dançadores-migrantes terão vindo, apenas um dos vários ternos de congos de uma grande e solene festa de São Benedito. Ali, nas madrugadas dos dias de festa, o grupo sairia pelas ruas e faria, de casa em casa de amigos e anfitriões, as visitações rituais. Ele sairia — como numa sempre segunda-feira em Machado, quando os turistas quase todos já foram embora — com a guarda do grande cortejo processional dos Reis do Congo, ao lado de outros vários ternos. A sua estrutura guerreira, seus cantos de marchas teriam então sentido, porque estariam no interior de uma cerimônia complexa em que "reis" são solenemente levados de suas casas à igreja e, depois, trazidos dali às suas casas, após haverem participado da missa de que são os principais personagens. A Festa de São Benedito incluiria um conjunto amplo de situações e cerimônias. A missa católica, que é um ritual erudito da Igreja, assim como as procissões da manhã e da tarde do domingo; o levantamento do mastro de São Benedito com os ternos dançando e cantando em volta, o cortejo dos reis, as visitações rituais, as danças e embaixadas dos grupos de congos e moçambiques no adro da igreja, que são o seu folclore; as apresentações de duplas sertanejas que alguns circos trazem de fora e que sempre "encostam" em tais festas. No meio dos festejos, só mesmo um ato de cirurgia teórica poderia separar de um todo significativo para os seus praticantes e consumidores populares o que é *erudito*, *popular* ou *folclórico*. As próprias pessoas que se vestem de cores e fitas e se armam de espadas dos ternos dos congos transitam de uma situação à outra: a procissão, a missa, o circo, o cortejo dos reis dizendo que ali tudo "é a festa do santo". Ainda que saibam melhor do que nós separar as situações umas das outras, sabem também compreender que a festa é o conjunto de tudo.

Em muitas cidades de quase todo o país, o esplendor de antigas festas de padroeiros de negros não resistiu às transformações do tempo e às mudanças que o domínio capitalista de todos os níveis de trocas entre os homens acaba impondo aos nossos dias de rotina e de festa. Assim, decadente, a festa perderia partes importantes de sua antiga estrutura. Em muitas cidades os solenes cortejos processionais acabaram. Em outras ficaram reduzidos a uma pequena viagem que um par de reis ainda faz da casa à igreja, acompanhando o que sobrou de um último "terno". Vários atores dos rituais, saídos por força de trabalho da cidade de origem para a periferia de uma capital, procuram remontar lá o seu grupo de dançadores. Formas solidárias de vida camponesa e provinciana precisam ser redefinidas na periferia da cidade. O grupo de negros dançantes precisa reencontrar maneiras de sobreviver. Sem santo a quem "festar", o terno pode "encostar" nas cerimônias de uma outra festa, a de um outro santo ou, se for bem sucedido, pode criar — ainda que com dimensões muito reduzidas — a festa do seu padroeiro no lugar para onde foram os seus devotos. Pode aprender a ser chamado para ir em outras cidades, dançar em outras festas a troco de comida e alguns trocados. O terno tem agora muito menos pessoas, e elas não sabem fazer o ritual como os mais velhos, os "antigos" de quem sempre se fala com respeito.

No dia de uma festa o terno sai solitário pelas ruas da cidade, visita duas ou três casas e, com sorte, chega ao adro de uma igrejinha, onde dança e levanta um mastro. Com mais sorte ainda os congos podem receber um convite da Secretaria de Cultura da Prefeitura para dançarem "no Ibirapuera", numa manhã de 22 de agosto — "dia do folclore".

Esses são momentos sucessivos em que um grupo ritual de uma cerimônia antiga e muito complexa do catolicismo popular transforma-se aos poucos em um *grupo de espetáculo*. Caso a persistência de um ''mestre'' e mais a ajuda externa de duas ou três pessoas interessadas prolongue a vida do terno, com o passar dos anos a situação devocional poderá ser leve memória de uma equipe de espetáculos populares.

As coisas mudam: nomes, lugares, pessoas, situações, passos de danças, significados do fazer religioso e festivo. Alguns símbolos se alteram e as explicações que os mais moços oferecem ao pesquisador para aquilo que fazem podem ter muito pouco a ver com as que os seus avós teriam para contar. As circunstâncias sociais do trabalho folclórico foram alteradas, tanto na pequena cidade de origem quanto na vida dos migrantes que vieram com a família, as tralhas e o terno de um mundo para o outro. Os avôs livres continuaram fazendo os cortejos de "reis" de mentira que os seus avós escravos inventaram, quando não puderam ter mais reis de verdade. Os pais passeiam pelas ruas ternos sem cortejos. Os filhos, um dia, irão sugerir à comissão de tema da Escola de Samba Unidos do Tatuapé que para aquele ano o enredo seja uma festa antiga, que os seus avós e pais faziam "lá em Minas". Festa de São Benedito, parece... Em casa ainda há algumas fotos antigas, restos de "fardas". Juntando pedaços, quem sabe voltando lá no lugar onde se fez um dia, daria pra reconstruir a coisa como era?

Aquilo que vimos existir como folclórico não existe em estado puro. Existe no interior de uma cultura, de culturas que se cruzam a todo momento e que representam categorias sociais de produtores dos modos de "sentir, pensar e fazer". Talvez mais certo do que dizer até que folclore é um tipo de cultura, com as características que estivemos vendo algumas páginas atrás, leitor, seja dizer que o folclore é uma situação da cultura. É um momento que configura formas provisoriamente anônimas de criação: popular, coletivizada, persistente, tradicional e reproduzida através dos sistemas comunitários não eruditos de comunicação do saber. Como esses *modos* ou *situações* de cultura se cruzam e, de quando em quando, fazem emergir algo a que se dá o nome de folclore, é o que os viageiros foliões de Santos Reis nos poderiam ajudar a compreender.

De casa em casa os foliões de Santos Reis

Os jogos políticos da dinâmica da cultura podem ser revelados por um grupo precatório que, entre o Natal e a festa de Reis, viaja de casa em casa nas comunidades camponesas, tanto quanto em algumas favelas e bairros de operários.

Há suspeitas de que as atuais "Companhias de Santos Reis" originaram-se por desdobramentos e transformações de antigos rituais da Idade Média. Que estranhos caminhos terão percorrido os "Três Reis do Oriente", citados apenas em um dos quatro Evangelhos e, mesmo assim, de maneira precária, para virem a se tornar objeto de devoção tão difundida no interior de vários estados do Brasil?

O canto e a dança dentro do templo cristão vem desde a "Igreja primitiva" dos primeiros bispos e diáconos, herdeiros dos apóstolos. Dançar e cantar diante do sagrado é uma antiquíssima questão judaica, não esqueçamos. Em um livro sobre as danças religiosas, E. Louis Backman diz algumas coisas importantes. Houve danças dentro dos locais de culto cristão desde os primeiros séculos do cristianismo. Um documento do século IV atribuía a Justino Mártir, morto em 165 depois de Cristo, a permissão de que houvesse, nos cultos, danças com guizos e instrumentos musicais nos coros infantis, acompanhando os cantos sacros. Coros de meninos dançavam vestidos de anjos, inclusive, diante do altar. São muito antigas também as relações de conflito surdo ou luta aberta entre fiéis propensos à festividade religiosa no interior dos templos a bispos comprometidos com o controle da conduta religiosa dos fiéis.

> Durante o milênio seguinte, as autoridades de igreja sustentaram uma luta desesperada, primeiro

para garantir a compostura na dança e, depois, perdida essa batalha, para abolir a dança de vez. Século após século, bispos e concílios baixaram decretos, advertindo contra as variadas formas de danças que se executavam dentro e nos adros das igrejas. Por fim, em 1208, o Concílio de Wurzburg declarou-as grave pecado. (Harvey Cox, *A dança dos foliões*).

Mas se continuou dançando, "Folia" foi uma dança popular, profana, costumeira em Portugal nos séculos XVI e XVII. Uma dança alegre, com homens vestidos "à portuguesa", com guizos nos dedos, gaitas e pandeiros. Ela foi trazida ao Brasil, e parece que depois do século XVII teve alguma difusão por outros países da Europa. Veja bem, leitor, esta dança *popular* (folclórica?) dançada nas ruas, nas festas roceiras de casamentos, foi incorporada a músicas eruditas (como Mozart fez com mazurcas e Chopin com valsas). Isto deve ter contribuído a que ela se tornasse mais respeitável, mais "de salão". Todos sabemos que este foi o caminho percorrido por danças que em um momento eram praticadas nos terreiros e senzalas e, mais adiante, levadas aos salões.

Por outro lado, não era raro na Europa Medieval o costume de fazer procissões e cultos de igreja com representações teatrais de vidas de santos ou momentos da presença de Cristo no mundo. Procissões com cortejos, procissões com folias. Este modo de incorporar autos e danças (ou pelo menos grupos de danças provisoriamente sem dançar) nas procissões das grandes festas católicas foi absolutamente comum no Brasil. Até hoje, em muitas cidades, ternos de congos e moçambiques seguem procissões litúrgicas nas grandes festas dos seus padroeiros. Ocupam lugares especiais e, algumas vezes, podem seguir tocando respeitosamente as suas "caixas". Estudiosos do carnaval brasileiro admitem que uma das origens remotas das escolas de samba foram as grandes procissões da época da Colônia. Procissões em que as irmandades católicas desfilavam festivas, ocupando alas alegóricas e, ricamente fantasiadas, cantavam, dançavam e representavam cenas da via dos santos padroeiros. Cronistas estrangeiros descreveram com espanto cenas que assistiram na Bahia, dentro das igrejas. Festas de São Gonçalo (um santo piedosamente dançador e violeiro), onde padres, freiras e "o populacho" arrastavam a um canto os bancos do templo e faziam juntos danças alegres, quase sensuais, (José

Ramos Tinhorão, *A Pequena História de Música Popular — da Modinha à Canção de Protesto*).

Desde pelo menos o século X, os festejos medievais do Natal eram solenes e muito prolongados na sua duração. Ofícios e missas natalinos misturavam anjos, pequenos pastores e personagens da Sagrada Família em encenações dramáticas da noite do Natal. Havia um *Officium Pastorum*, inicialmente não mais do que um diálogo curto, com pastores, que introduzia a missa do Natal. Este mesmo ofício aumentou o número da personagens e, já no século XIII, reunia anjos, bichos e parreiras aos pastores. Aos poucos, também eles se estenderam até à festa da Epifania, 12 dias após a do Natal. O que aconteceu então? Embora os festejos posteriores ao Natal fossem menos importantes do ponto de vista oficial, eram mais populares, mais dramatizados, e tenderam a se tornar o centro da produção dramática natalina.

Entraram em cena, nos dramas, Herodes, soldados e, com uma importância cada vez maior, os "Três Reis do Oriente", magos trazidos do Evangelho de Mateus. Constituiu-se, então, um segundo drama Litúrgico-popular do Ciclo do Natal; o *Officium Stelae*.

Ali, embora o Menino Jesus continue sendo a figura de referência, deixa de ser o ator principal, lugar pouco a pouco ocupado pelos três magos visitadores. Este drama, que se soleniza a partir de uma base simples e quem camponesa, é representado diante do altar. Com o passar do tempo, o *Officium Stelae* tende a incorporar o *Officium Pastorum* com seu prelúdio.

Possivelmente, terão sido estes os autos natalinos levados à Península Ibérica, onde estórias do Ciclo do Natal foram incorporadas ao teatro de Espanha e Portugal. Autores eruditos conhecidos escreveram alguns deles. Quantos a memória popular terá criado? Autos de Natal fazem parte das dramatizações de catequese que os padres jesuítas trouxeram para o Brasil. Como outros autos piedosos, incorporaram às partes litúrgicas pequenos e inocentes dramas que simulam, inclusive, cenas de visitações com cortejos processionais. Cortejos com cantos e danças estenderam-se dos primeiros rituais jesuíticos de catequese para os solenes festejos aos santos padroeiros ou santos de preceito católico mais amplo. Alegres danças, de que as folias portuguesas seriam um exemplo, faziam parte de dramatizações devocionais realizadas tanto no interior das igrejas quanto nas procissões que percorrem ruas de cidades e povoados. Elas aparecem em cerimônias litúrgicas dos seguintes ciclos e festas; Natal (até a Epifania), Páscoa, Pentecostes, Corpo de Deus.

Tal como terá acontecido muitas outras vezes nos rituais litúrgicos do catolicismo, a dramatização em que cantos e danças serviam apenas para introduzir ou dividir em partes foi sendo reduzida em tamanho e importância, deixando vivos apenas os cantos, cortejos e danças que antes lhes seriam acompanhantes.

Desde a época da Colônia são conhecidos atos de bispos e padres com vistas a controlar ou mesmo proibir expressões populares durante as cerimônias litúrgicas. As acusações ao que o povo fazia dentro do ritual da Igreja iam da inadequação à sensualidade inaceitável. Uma parte muito importante na história das relações entre o catolicismo oficial e o catolicismo popular no Brasil tem a ver com as lutas de ataque e resistência, de lado a lado, pela defesa do controle da produção e distribuição do cerimonial do sagrado. A igreja romanizada dos fins do século passado renova e amplia muito os seus atos de controle e proscrição dos rituais populares. Assim, uma sequência de medidas "purificadoras" da liturgia religiosa aos poucos transforma o Ciclo do Natal em um conjunto de atos litúrgicos oficiais com missas e pregações de onde são varridas as dramatizações, os cortejos festivos, os cantos populares e, sobretudo, as danças. Do mesmo modo como aconteceu a partir de então com outros rituais para-litúrgicos e populares de ciclos festivos do catolicismo brasileiro, cantos, dramas e danças natalinos migraram do interior das igrejas para os seus adros, dos adros para as ruas, para as praças das cidades, a periferia e, finalmente, as áreas camponesas. Ali, entre lavradores caipiras e outros tipos de roceiros, desde muito cedo na Colônia havia festejos que, em escala rural, reproduziam festas de santos padroeiros. Outra luta sustentada há pelo menos 250 anos por alguns bispos de todo o país foi contra as capelas e os capelães, isolados ou reunidos em irmandades, que ao seu culto de povoado quase bastavam com os serviços de leigos do povo: rezadores, foliões, folgazões, especialistas de cultos específicos, chefes de outros tipos de grupos rituais.

Longe da presença e do controle direto de agentes eclesiásticos, o ritual votivo de Folia de Reis constituiu pequenas confrarias de devotos: mestres, contra-mestres, embaixadores, gerentes, foliões distribuídos segundo seus tons de voz e os instrumentos que tocavam. Com base em uma mesma estrutura cerimonial, ampliaram o circuito das visitações de casa em casa, o "giro da Folia"; introduziram novos personagens, como os "palhaços", "bastiões" ou "bonecos" que acompanham a maior parte das Folias de Reis até hoje. Acrescentando uma série de novos elementos aos do mundo camponês, tornaram aos poucos o ritual parte de sua cultura e hoje, em muitos lugares, a Folia é uma prática comunitária que redefine todo um vasto território de sua passagem, envolve um número imenso de pessoas durante o "giro" e retraduz, com os símbolos do sagrado popular, aspectos tão importantes do modo de vida camponês, marcados essencialmente por trocas solidárias de bens, serviços e significados.

O rigor que o mundo cultural camponês impõe aos seus ritos separou das Folias de Reis a dança. Não se dança durante a sequência de apresentação-peditório-bênçãos-e-despedida. Apenas o palhaço, às vezes, arremeda uma dança cômica para a diversão das pessoas da casa por onde passa o grupo precatório a caminho de um lugar "no Oriente", onde, no dia 6 de janeiro, todos juntos farão a festa de Santos Reis. Dança-se, em alguns casos, nos lugares de pouso. Mas são danças profanas, feitas após a "obrigação", a longa parte religiosa do ritual. Quem viaje entre sítios e povoados rurais do Rio Grande do Sul a São Paulo, a Minas Gerais (sobretudo ali) e Goiás, a partes dos dois Mato Grosso, pelos sertões da Bahia, de alguns cantos do Nordeste, do Maranhão, certamente encontrará, entre 25 de dezembro e 6 de janeiro, "Ternos de Reis" viajando de casa em casa e, em cada uma, repetindo as cerimônias devocionais do ritual. De estado para estado, de região para região em cada estado, de terno para terno, de mestre para mestre, há variações e diferenças de estilo. Mestre Messias, folião do norte de Goiás, pedreiro em Goiânia, embaixador respeitado de sua "companhia", saberia apontar diferenças: "jeito'" goiano, mineiro e nordestino de fazer o "cantorio" e conduzir as partes do ritual.

"A tradição é uma só", ele me disse uma vez. "O preceito é o mesmo, que isso tudo é uma mesma irmandade espalhada por todo canto. Agora, tem muitos sistemas. No Norte é um: Maranhão, Bahia, onde eu morei. É com caixa lá, com uns pifes que uns tocam. Mineiro, é outro sistema; goiano, é outro também. Cada mestre tem o seu sistema. Eu, por exemplo, sei tocar no baiano, no goiano e no mineiro".

E sabia mesmo. Quando mestre Messias veio do interior do nordeste de Goiás para a periferia de Goiânia com a família, trouxe na mudança a viola, a caixa da Folia, o pandeiro e o saber. Alguns companheiros vieram mais tarde e foram morar perto. Outros, ele reuniu mais tarde: foliões de outros cantos, migrantes também, ou gente da roça que nunca participou de uma "companhia", mas que agora, na cidade, saudosa do lugar de origem, quis aprender o "sistema"' e fazer parte da "irmandade",

Longe do contexto camponês onde a Folia de Reis ganhou uma dimensão comunitária, perdeu elementos urbanos e incorporou os da cultura de cada região rural para onde foi, os "ternos de Reis" voltaram à cidade e ali readaptaram uma série de elementos. Eles vão desde a composição do grupo (vi ternos em Poços de Caldas com apenas três foliões) até a estrutura do ritual. Sobrevivem em favelas e cantos da periferia do Rio de Janeiro em inúmeros bairros também periféricos de São Paulo, Belo Horizonte, Goiânia e quantas outras capitais. Reaprendem a conviver com a cidade.

Durante anos os agentes oficiais do catolicismo viram com reservas ou franca hostilidade esses grupos concorrentes de trabalho religioso ritual. A separação entre o domínio eclesiástico erudito e o domínio popular é tão grande, no caso que todo o ciclo natalino das Folias de Santos Reis dispensa, sem qualquer dificuldade, a presença de padres. Em algumas regiões houve ataques diretos e recentes aos festejos populares autônomos independentes do controle da Igreja Católica. Mas, na maior parte do território nacional os bandos precatórios de anunciadores populares do nascimento de Jesus fazem a sua "jornada"' longe dos olhos da Igreja, na cidade ou no sertão e os agentes oficiais preferem ignorar a existência de um trabalho religioso "de roceiros".

Mas nem todos. Depois das experiências de renovação litúrgica do catolicismo, após o Concílio Vaticano II, houve aqui e ali sinais de reaproximação entre um lado e o outro. Primeiro, aquela renovação foi totalmente alheia aos modos de viver e criar a fé e os seus símbolos no país.

Depois, aos poucos algumas pessoas de setores mais avançados da Igreja, aquelas que falam em nome de uma Igreja comprometida, começaram a perceber pelo menos duas coisas: 1) é contraditório falar em aliança com o povo, em compromisso com as classes populares e seguir impondo a ele formas eruditas, formas colonizadoras de crer, pensar, agir e ritualizar a crença, o pensamento e a vida; 2) valores e estilos da cultura popular não devem ser transformados (mesmo na direção de uma "transformação libertadora", ao estilo de Paulo Freire, por exemplo) de fora para dentro; de um sistema erudito e tradicionalmente dominante para um popular e tradicionalmente dominado.

Não são poucos os críticos da Igreja Católica que suspeitam desse agitar de bandeiras brancas de setores da Igreja para com o que há de folclórico na vida religiosa de lavradores, pescadores, operários e outras categorias de trabalhadores. Seria isso a consequência de uma aliança verdadeira entre uma Igreja progressista e as classes subalternas? Seria, ao contrário, a nova face de uma atitude manipuladora que tem sido a constante nas relações entre a Igreja Católica e o povo? Na verdade, a constante de praticamente todas as agências de mediação entre setores eruditos e populares na sociedade brasileira, da Colônia aos nossos dias.

Cito alguns exemplos. Em uma das últimas assembleias de uma diocese católica do interior de Goiás, o bispo, os padres, os agentes de pastoral fazem uma pequena procissão de um local perto ao lugar onde, depois de uma missa, começarão uma semana de trabalhos. Além deles, estão ali inúmeros agentes de pastoral (leigos, participantes dos trabalhos da diocese) e agentes da base (lavradores, pedreiros, lavadeiras e outras categorias da gente do povo, que participam dos mesmos trabalhos e vieram como representantes de suas comunidades de base). Em lugar de uma música erudita "de libertação", todos cantam, ao compasso de violas, violões e caixas, uma Folia. Um cantorio de Folia de Santos Reis de que a letra foi modificada para ser a de uma "Folia da Libertação". Essa prática de reincorporar, tantos anos depois, cantos e cortejos processionais populares aos ritos litúrgicos da Igreja tende a se difundir entre nós.

No interior de São Paulo, quase na fronteira com Mato Grosso do Sul, um velho padre holandês sensível à imensa riqueza de símbolos das Folias que cantavam os lavradores da região, acabou incorporando-se a elas. Tornou-se uma espécie de "padre-folião, no que imitou um frade, também holandês, que conheci há algum tempo em Minas Gerais. Incentivou alguns ternos, aproximou-os dos festejos oficiais. Após fazer, como tradicionalmente, o "giro de Reis" pela roça, a Folia faz momentos da missa que o padre reza. Aos poucos criou-se ali uma "Folia da Renovação". Criou-se um movimento de foliões, mestres e seus seguidores. Algo que em si é absolutamente estranho ao mundo cultural camponês, um mundo que possui justamente modos próprios de articulação entre pessoas, grupos, trabalhos e símbolos. O "movimento" das Companhias de Santos Reis promove reuniões, concentrações. Durante algum tempo, um pequeno jornal mimeografado começou a circular — *Renovação das Companhias de Santos Reis*. Em 1981, uma folha mimeografada convida ao "Terceiro Encontro das Companhias de Santos Reis de Fernandópolis", e diz:

"Caros Companheiros, a Festa do grande encontro das Companhias dos Santos Reis está chegando com a missa própria, com o bate-papo sobre as Tradições Populares e com a apresentação na Rádio".

O convite avisa que a "coordenação" dos trabalhos está a cargo da "Companhia de Meridiano" (nome de um dos mestres) e da "Companhia Bahiana de Fernandópolis" ("bahiano e mineiro tem por todo lado"). Não fala em quantidade, mas há encontros semelhantes em Minas Gerais que reúnem mais de 60 companhias em um só lugar, no dia 6 de janeiro. Isso é quase o oposto do que tradicionalmente fazem as Folias de Reis, que repartem territórios de "giro" e evitam encontrar-se umas com as outras durante ele. Quando porventura, em pleno mundo camponês, duas folias se encontram na estrada, há longos e solenes cerimoniais que, da acordo com os mais velhos, servem para estimular ou controlar relações de concorrência entre seus mestres.

Um tipo de solidariedade comunitária que unia vários "moradores" de uma região em torno a um grupo de foliões, transforma-se em algumas regiões em um tipo diferente, provocado, com uma outra racionalidade de propósitos e relações. É ingênuo (embora seja costumeiro) querer que grupos rituais do nosso folclore sejam protegidos da influência erudita e, pior ainda, da influência direta dos interesses de controle do capital sobre a cultura popular.

Modos diferentes de participar da cultura encontram-se porque são vividos e conduzidos por pessoas reais, por grupos e classes sociais reais. Quando na dinâmica da vida social há encontros, os processos de apropriação e expropriação, de conquista erudita, de manipulação, de controle e resistência são acionados.

Em um mesmo ano, grupos rituais de foliões de Santos Reis sairão em dezembro ou janeiro pelos seus cantos de sertão, absolutamente distantes de agências e influências eruditas próximas. Outros circularão pelas cidades e, com uma frequência cada vez maior, alguns irão apresentar-se em programas sertanejos do rádio, o que já é corriqueiro em Minas e Goiás, é possível que a Companhia de Santos Reis de mestre Lázaro venha de Santa Fé do Sul aparecer no "Som Brasil". Uma vez, em Poços de Caldas, promoveram um "Concurso de Folia de Reis", a mesma coisa que vi fazerem em São Sebastião do Paraíso, também em Minas, com ternos de congos que desfilavam diante de um júri que os avaliava com "quesitos" muito semelhantes aos que servem para as escolas de samba do Rio de Janeiro,

Algumas folias, cujos mestres e foliões são também pessoas integrantes de comunidades eclesiais de base, participarão de momentos da *renovação*, de rituais a que darão o nome de *libertação*: missas e festejos de Natal, que outra vez irão colocar do adro para dentro das igrejas os herdeiros roceiros dos dramas populares que alguns séculos atrás foram expulsos dos adros para a roça.

Há várias Folias de Reis nos discos de *Música do Centro-Sul* do Brasil que Marcus Pereira fez gravar. "Caliz Bento", que Milton Nascimento canta no *Gerais*, é toada de congos ou foliões. Toda a gente da roça conhece. Muitas duplas sertanejas fazem nos seus discos uma ou duas faixas de *folias*. Alguns cantores são quase especialistas em gravá-las. De Moreno e Moreninho conheço três discos: *Hinos de Reis, Folia de Reis e Capelinha de Santos Reis*. Em outro disco João Mariano e Zé Silveira se anunciam "Os Foliões do Brasil". Num outro, ainda, Toninho e Marieta dizem: *Santos Reis Está Chamando*. Há muitos mais, e mais haverá. Nos discos, algumas toadas de folias aparecem com o nome da dupla compositora. As pessoas da roça que até há pouco conheciam as Folias de Santos Reis de as viverem ou de as receberem em suas casas uma vez por ano, agora aprendem "toadas de longe" gravadas nos discos.

As da cidade aprendem com Moreno e Moreninho, com as "renovações" de pessoas eruditas cuja presença por certo provoca modificações importantes no modo de compreender e criar o ritual. Aprendem com Milton Nascimento, de cuja voz aguda e cheia de maravilhas ouvem espantados os sons remotos da infância na roça de Três Pontas, Minas Gerais. Aprendem até com Ivan Lins, que colocou com arte o piano na Folia.

Procuremos organizar o fio dessa história, leitor.

1. Danças profanas, alegres danças populares (folclóricas?) por nome *Folia*, que rapazes dançavam no Portugal antigo com guizos, caixas, adufes (pandeiros) e violas;

2. Pequenos autos, *dramas* de fundo devocional, popular, representados por ocasião de alguns ciclos do calendário litúrgico católico durante a idade Média, depois incorporados, por um processo de "eruditização", ao interior de rituais litúrgicos da hierarquia eclesiástica; redefinidos e, mais tarde, escritos em Portugal e Espanha por intelectuais letrados;

3. Dramas incorporados que se ampliam e tomam o lugar central nos ritos litúrgicos de festejos "de Igreja",

incluindo cantos, danças, movimentos expressivos coletivizados; que são mais tarde colocados sob suspeita e controle de autoridades religiosas;

4. Dramas com "auto", canto e dança que são trazidos ao Brasil, sobretudo pelos missionários Jesuítas, e que passam das aldeias tribais de catequese para as cerimônias das igrejas das cidades do período colonial;

5. Outra vez, sobretudo após a independência, esforços redobrados de controle eclesiástico sobre as "manifestações" populares mescladas com os ritos litúrgicos oficiais; expropriação do saber popular contido nos seus ritos e do poder popular de realizá-los coletivamente dentro das igrejas ou em frente a elas;

6. Migração cultural de ritos populares do interior do templo para o adro, para posições marginais — não litúrgicas — nos festejos devocionais; "purificação" erudita das cerimônias litúrgicas e separação de sistemas rituais de devoção católica: os da Igreja *versus* os populares;

7. Incorporação de ritos como as Folias de Santos Reis ao mundo cultural camponês, o que significa a sua separação da estrutura religiosa eclesiástica e a sua integração em uma estrutura devocional comunitária.

8. Retorno de grupos de foliões de Santos Reis à cidade, provocado pela migração de agentes produtores do ritual para os centros urbanos; realocação da Folia de Reis no mundo urbano;

9. Reaproximação de setores progressistas da Igreja Católica de grupos populares de agentes produtores de rituais do catolicismo de *folk*; produção de novas formas de prática ritual: "renovação", "liberação"; integração dos rituais em práticas político-pastorais de mobilização popular;

10. Aproximação de sujeitos e agências da indústria cultural da Folia de Santos Reis: gravações, novas toadas, músicas e letras eruditizadas.

A não ser que queiramos trabalhar com essências *puras*, o que não é muito adequado aos casos do homem, da sociedade e da cultura, poderemos concluir que todas as relações são possíveis e estão sempre articulando-se: a cultura erudita produz partes (ideias, crenças, saberes, artes, tecnologias, artefatos) que se tornam populares, que se folclorizam. O popular, que alguns séculos antes terá sido fração de uma restrita cultura de intelectuais, de novo torna-se erudito, restrito, próprio às classes dominantes. Danças camponesas viajam para a cidade, passam do "populacho" aos salões quando autores letrados as descobrem e "civilizam"; voltam ao "populacho", retornam ao mundo camponês. O folclórico aproxima-se do litúrgico, funde-se com ele. Mais adiante, por lares, ou por causa do eterno empenho de os primeiros dominarem a pessoa e a vida dos segundos, separam-se. Mas um deixa no outro as suas marcas.

A *Folia* foi sucessivamente uma dança profana popular, unia dança tornada erudita, possivelmente um ritmo de dança incorporada a rituais dramáticos para-litúrgicos, um ritual devoto de camponeses brasileiros. Hoje aqui, ela existe, como vimos, em múltiplas situações diferentes: de mestre Messias e Ivan Lins. Melhor do que envolvê-la com o clorofórmio de algumas teorias imobilistas do Folclore, para investigar no corpo inerte da cultura o que é *folclore* e o que não é, deveria ser a cuidadosa e persistente preocupação de compreender em cada pequeno ou grande "sinal" do folclore, em cada um dos seus momentos e situações, o que eles significam na cultura (no todo da cultura de que são um *modo* e uma *parte*) e *para* a vida das pessoas, grupos, classes sociais e comunidades que os criam.

DESCREVER, RELACIONAR, COMPREENDER

Tudo é importante no estudo do folclore. Esforços coletivos pela feitura de *atlas folclóricos*, como o que o Instituto Nacional do Folclore elabora atualmente; demorados relatórios descritivos muito detalhados, dando conta de cada pequeno aspecto de uma dança, de um rito religioso ou de uma tecnologia rústica de construção de casas. É importante também continuar realizando coletas regionais e fazendo estudos comparativos. É importante buscar origens disso e daquilo. Mas todos estes são caminhos parciais. São os primeiros passos na tarefa muito complicada de se procurar compreender o que é afinal, e o que vale o folclore na cultura e na vida social.

Uma abordagem mais compreensiva do fato folclórico vai nessa direção. Ela é, por exemplo, a maneira mais natural de os antropólogos trabalharem. Para eles, alguns pontos são básicos:

— A cuidadosa descrição etnográfica de um ritual, um costume tradicional, um conjunto de lendas, um sistema de transformação da mandioca em farinha é fundamental. É o começo de todo um trabalho de explicação antropológica da cultura. Há guias e manuais de descrição do fato folclórico, e a iniciação do folclorista competente em boa medida depende de aprender métodos e técnicas rigorosos de abordagem e descrição da cultura de *folk*.
— Certos estudos comparativos foram importantes. Não são mais. São tipos de abordagens que pareciam explicar tudo, há algum tempo atrás. Hoje se descobre que comparar detalhes de um rito (um auto, um folguedo, uma dança, um cortejo processional, etc.) com outros

semelhantes no Sul do país, na Região Centro-Oeste, no Nordeste e no Norte (no "resto do mundo", se houver tempo e coragem) explica muito pouco a seu respeito. Explica algumas difusões, algumas variações de cultura regional, mas diz muito pouco a respeito do porquê disso.
— Talvez uma maneira mais próxima de uma explicação compreensiva do fato folclórico — inclusive uma explicação do que ele é — seja a de estudá-lo integrado nos sistemas de trocas de bens, serviços e símbolos da própria cultura e da própria vida social de que ele é uma expressão.

Por exemplo, um passo no estudo do folclore seria o de determinar uma região do estado do Maranhão e realizar ali uma coleta sistemática, tão completa e detalhada quanto possível, de todos os estilos e "sotaques" do Bumba meu boi. Fotografar, filmar, gravar cuidadosamente, registrar com anotações apropriadas toda a coreografia. Ouvir dos mestres e "brincadores" as suas explicações para o que fazem. Anotar dados sobre a formação do grupo ritual; posições, relações, hierarquias. Enfim, *descrever* a estrutura do ritual e o processo ritual: como o grupo que apresenta nas ruas e praças o "Boi" se organiza e como ele realiza o seu "folguedo".

Um outro passo muito interessante seria o de, depois de inúmeros estudos etnográficos (os que deram conta da descrição cuidadosa do Bumba meu boi), relacionar uns com os outros. Há semelhanças e há diferenças: na estrutura ritual do grupo, no processo ritual (vestimentas, danças, cantos, entreatos dramáticos, etc.). Os próprios "brincadores" sabem disso quando reconhecem a existência de "bois de matraca", de "bois de orquestra", de um "sotaque de Pindaré" e um "sotaque do boi de Axixá". Ao lado de um *Atlas da Ocorrência do Bumba meu boi no Estado do Maranhão* e ao lado de vários estudos descritivos sobre eles, haveria uma análise comparativa sobre "O Bumba meu boi do Maranhão". Uma equipe de trabalho poderia ampliar a proposta e estender o estudo descritivo-comparativo do ritual a outros estados. Há ocorrências, às vezes com outros nomes para o "Boi", no Pará e no Amazonas, em Pernambuco e em Santa Catarina.

Os espaços de conhecimento do fato folclórico Bumba meu boi foram ampliados pouco a pouco: delimitação de territórios de ocorrência, mapeamento do fato, descrição etnográfica (pode chamar-se de folclórica também), estudo comparativo do fato em um estado, estudo comparativo do fato no território nacional.

Mas é possível que esta sucessão de pesquisas e explicações do "Boi" não diga a seu respeito algumas outras coisas muito relevantes. Por exemplo, o que ajuda mais a compreender o sentido de uma gente pobre do Maranhão pôr em todos os meses de julho nas ruas o seu "Boi": 1) estabelecer relacionamentos entre "bois" de diferentes estilos e de diferentes comunidades do Maranhão, uns com os outros, como unidades discretas, isoladas de seu folclore, de sua cultura? ou 2) procurar estabelecer relacionamentos de cada "Boi" com o universo de vida, trabalho e rituais de sua própria comunidade?

Qual o lugar de "brincar Boi" na vida religiosa, cerimonial e lúdica das comunidades do vale do rio Pindaré? Em cada uma delas. De que maneira as próprias pessoas que "fazem o Boi", ocupando nele posições rituais e estruturais deferentes, explicam o que ele é para elas, para cada um individualmente e para a comunidade? Retorne, leitor, por um breve momento, à epígrafe das primeiras páginas.

Como o *fato folclórico Bumba meu boi* de uma comunidade de camponeses maranhenses relaciona-se com outros fatos folclóricos devocionais, lúdicos? Qual a sua posição no complexo da cultura religiosa da comunidade e, mais amplamente, no próprio sistema cultural desta comunidade? Sob que condições concretas ele se preserva ali, na vida real das pessoas do lugar? Sob que condições e em que direções sofre transformações?

Mary Douglas, antropóloga, sintetiza muito bem o que seria este *procurar explicar a cultura* (uma regra da cultura, um costume, um saber, um ritual) *a partir da própria cultura de que é parte*. Em um dos seus estudos de maior beleza, ela procura explicar por que, na cultura riquíssima dos judeus, há uma série muito longa de preceitos a respeito do consumo de alimentos. Por que os judeus foram exortados a considerar como abomináveis os animais mamíferos: 1) que ruminam mas não possuem a unha do casco fendida; 2) que têm a unha do casco fendida, mas não ruminam? Qual a lógica e qual o sentido ligado à vida e à felicidade do povo hebreu que acabou colocando nas escrituras sagradas preceitos codificados por mão do homem e atribuídos a uma divindade?

Mary Douglas procede como um bom antropólogo. Em primeiro lugar ela formula a questão e define o que pretende estudar. Em segundo lugar ela apresenta ao leitor — inclusive fazendo a transcrição da Bíblia — o fenômeno cultural que estuda: "as abominações do Levítico". Em terceiro lugar ela apresenta várias abordagens de outros estudiosos. Em quarto lugar ela faz a crítica dessas abordagens, reconhecendo o valor de cada uma. Em síntese, o problema maior é que elas são tentativas de explicação muito externas ao mundo e à cultura dos judeus de então. Ali deve haver uma lógica, um sistema coerente de relacionamento do homem com o mundo e dos homens entre si que só um exame a partir da própria estrutura mais ampla da cultura poderia explicar.

Ela está estudando o fenômeno das regras sociais de evitação da sujeira, da contaminação. Vejamos como começa o artigo:

> A contaminação nunca é um acontecimento isolado. Ela só pode ocorrer em vista de uma disposição sistemática de ideias. Por essa razão, qualquer interpretação fragmentária das regras de poluição

de uma outra cultura está destinada a falhar. Pois o único modo no qual as ideias de poluição fazem sentido é em referência a uma estrutura total de pensamento cujo ponto-chave, limites linhas internas e marginais se relacionam por rituais de separação. (Mary Douglas, *Purezas e perigo*).

Ao fazer desfilarem diante do leitor várias interpretações parciais, ela mostra como algumas buscam explicações ecológicas, outras, políticas, outras, ainda, explicações éticas ou alegóricas. Melhor do que procurar em razões aparentemente externas e, não raro, predeterminadas, aquilo que explica um aspecto da cultura judaica, há de se procurar na própria cultura. Será começar pelo exame interno do próprio texto onde estão escritas as prescrições alimentares e, aos poucos, inventariar a sua lógica, o sentido de aquilo ser assim como é, no interior de sua cultura e, certamente, em função das condições de vida — não apenas materiais, mas também sociais e simbólicos — dos judeus do passado.

Mas voltemos, leitor, a "bois" e a maranhenses de agora. *Todo Ano Tem* é o nome de um estudo feito por

Regina Paula Santos Prado sobre as festas na estrutura social camponesa do interior do Maranhão. Ela examina um ritual de Bumba meu boi na Baixada Maranhense. Ao procurar compreender o lugar e o sentido da festa na vida da comunidade camponesa, Regina entrou sem dúvida pelo terreno do fato folclórico. Outros estudiosos, alguns deles maranhenses exemplares, haviam já feito exaustivas descrições e estudos comparativos dos "bois". Ela levou isso em conta.

Outros haviam já estudado sistemas rituais de festas votivas na própria região da "Baixada". O objetivo da autora era compreender através de *um ritual* um sistema de articulação de pessoas, bens, nomes e símbolos: *a festa*. Mas fazer isso obrigava a partir do exame da vida e das condições de vida material e social da comunidade. E, ao final, desembocava na explicação de como as pessoas da comunidade, do festejo e do "Boi" explicavam, através de "festar" e "brincar", o seu mundo, a sua vida e, dentro deles, a sua própria festa e o seu próprio "Boi".

Festas e bois são falas, são linguagens. Não são objetos e, na verdade, congelados nos museus, sentem-se como condenados à morte. São coisas vivas, modos de sentir, pensar, viver e "festar". São um dos sinais de que as pessoas lançam mão para trocar entre elas o que lhes é importante: objetos, bens, serviços, situações, poderes, símbolos, significados. Deixemos que Regina Paula diga a que veio:

> A partir delas (das reflexões teóricas feitas antes) tomei as festas camponesas como rituais, e estes como um discurso específico da sociedade que os engendrava (...) nos capítulos iniciais que compõem a primeira parte discuti primeiramente o ciclo produtivo, as relações e a divisão sexual do trabalho, a divisão interna do campesinato e em seguida situei o ciclo das festas, as tarefas específicas dos organizadores dos festejos, as posições de prestígio de seus elaboradores, a parte dos gastos cerimoniais na estrutura do orçamento doméstico (...) . Só no final da secção é que procedi a uma análise mais direta do significado da categoria festa (...).
> Tendo assim fornecido o arcabouço geral das festas camponesas, parti na segunda parte (...) para a análise do folguedo mais expressivo da região da Baixada: O Bumba meu boi.

Formando, de certo modo, um corpo independente, esta segunda parte rediscute com mais profundidade algumas questões já abordadas na primeira. (...) Antes de proceder a uma análise do ritual propriamente dito, a partir da sua forma e conteúdo de representação (...) tornei conhecida a sua infra-estrutura organizacional e sua articulação com a vida cotidiana (...). Sabia que estava tratando de um domínio específico, 'o das festas' (ou, para adotar uma classificação mais teórica, 'o dos rituais'), mas que não podia deixar de articulá-lo a todo instante com os vários níveis do político, do econômico, do religioso, e do parentesco. (...) Por isso, e embora muitas vezes tivesse que, por causa de uma necessidade metodológica que visava tornar claro o pensamento, falar mais especificamente, e em separado, sobre a dimensão, seja política, seja econômica ou religiosa, do fenômeno festa, era necessário que eu transmitisse ao leitor não só pelo conteúdo do texto, mas também pela forma que ele adquiria na redação a articulação daquelas dimensões... (Regina Paula Santos

Prado, *Todo ano tem — As festas na estrutura social camponesa*).

Veja, leitor, que o trabalho da antropóloga é, a todo momento, um esforço de explicações que articulam domínios: da comunidade e sua vida ela vai à festa e, da festa, ao "Boi". Mas do "Boi" ela volta à festa e da festa à vida da comunidade. Como outros, ela compreendeu que tanto um passo de dança quanto um grito no canto, tanto uma pena na roupa do "brincante" quanto uma crença na cuca da criança são coisas vivas, interligadas e, para serem compreendidas, devem ser procuradas através de sua vida na cultura e sua articulação com outras formas vivas dessa cultura, que são o produto coletivo da vida das pessoas que criam, dançam e cantam.

Ao me lembrar da ligeireza dos deslocamentos da dança do Bumba meu boi e a articulação de todo o conjunto, passei a desejar que minha análise, no final, conseguisse ser tão flexível, viva e integrada como o ritmo daquele espetáculo, a fim de não permitir que o conhecimento sobre aquela sociedade pudesse, ele ou ela própria, ser de uma vez por todas apreendido, dissecado, esquadrinhado. Desejava que a percepção da vida que se me dava a conhecer não matasse a vida ela própria, mas que fosse por ela ultrapassada. Isto eu só conseguiria se o texto desta dissertação que libero ao leitor se coadunasse de alguma forma, com o intento de Mauss (...).

E, então, Regina Paula transcreve um pequeno texto de um antropólogo francês de quem todos nós, pesquisadores da cultura, temos aprendido muito.

O que tentamos descrever foi, portanto, mais do que temas, mais do que elementos de instituições, mais do que instituições complexas, até mesmo mais do que sistemas de instituições divididos, por exemplo, em religião, direito, economia; foi o funcionamento de sistemas sociais inteiros, cada qual um 'todo'. Vimos sociedades em estado dinâmico ou fisiológico. Mão as estudamos como se fossem imóveis, estáticas ou, antes, cadavéricas, muito menos as decompusemos e dissecamos em normas jurídicas, em mitos, em valores e em preços. Considerando o todo em conjunto é que pudemos perceber o essencial, o movimento do todo, o aspecto vivo, o instante fugaz em que a sociedade toma, em que os homens tomam consciência sentimental de si próprios e de sua situação frente a outrem" (Marcel Mauss, apud Regina Paula Santos Prado, *Todo ano tem*).

Folclore é, leitor, um "instante fugas" da vida dos homens e de suas sociedades através da cultura. Tudo nele é relação e tudo se articula com outras coisas da cultura, em seu próprio nível (o ritual, o religioso, o tecnológico, o lúdico) e em outros. Não se obtém uma boa compreensão do fato folclórico — vivo e cheio de beleza — apenas quando se leva a pesquisa às dimensões a que levou Regina Paula. Uma descrição bem feita de um trabalho de fiadeiras no sertão de Minas é uma compreensão etnográfica e folclórica da maior importância. Mas mesmo quem limite a sua tarefa ao *levantamento* e à *descrição* não deve estar esquecido de que toca a pele apenas de um corpo cultural vivo, e que por baixo dela há sangue, ossos, carnes e nervos que são a vida social que a pele da cultura estudada torna visível,

Um outro antropólogo. Victor Turner, ao estudar rituais de aflição em uma tribo da África, recomenda ao pesquisador passos sucessivos de abordagem. Cada um tem um sentido em si mesmo, e o estudo poderia parar nele. Mas sempre restará por explicar o que se esconde à espreita dos passos seguintes. Procuremos adaptá-los ao nosso caso:

— A descrição cuidadosa do contexto sociocultural em que se passa o fato folclórico investigado.
— A descrição pormenorizada de todos os aspectos constitutivos do próprio fato folclórico investigado (no caso de um ritual como a Folia de Reis ou o Bumba meu boi, a análise do que Turner chama *o processo ritual*).
— A análise dos símbolos e da ideologia (dos sistemas simbólico e cognitivo), de acordo com a maneira como os seus próprios praticantes falam sobre eles, ou seja, interpretam-nos.
— A interpretação exegética feita pelo investigador, ou seja, a sua discussão analítica do sistema de

relações-articulações sociais e do sistema de símbolos e de ideias sobre o fato folclórico.

Este é, leitor, o sentido em que amplia a dimensão do estudo do fato folclórico. Não se trata de acrescentar novos "aspectos" ou propor apenas que outras abordagens metodológicas sejam consideradas. Trata-se de imaginar novas possibilidades de compreensão. De compreender o fato folclórico dentro do espaço de cultura de que ele é parte. Compreender o ofício da tecedeira, as crenças em seres sobrenaturais ou a Folia de Santos Reis, através dos sistemas de prática econômica (do trabalho cotidiano), de vida simbólica e da cultura religiosa e ritual. Compreender um Bumba meu boi através da cultura camponesa que articula não só festas de que ele é parte, mas também o trabalho, as relações de parentesco, as acepções do mundo e do sagrado. Vivências pessoais no interior das matrizes sociais da vida coletiva.

Faltam ainda algumas considerações importantes, leitor. Ali, onde tudo parece ser trocas simples entre pessoas e grupos, relações sociais por meio de objetos, ações, mensagens e símbolos, há relações de poder. Onde o olhar apressado vê contribuições inocentes da vida social, há conflitos, oposições de interesses, manipulações de classes sociais sobre outras, expropriações do poder popular sobre o uso dos seus símbolos, apropriações do "folclórico" pelo "de massa", formas populares de resistência.

A travessia da Folia de Santos Reis que deixamos no seu "giro" algumas páginas atrás, terá servido para levantar a suspeita de que onde há folclore há cultura, onde há cultura há processos sociais de produção e distribuição da cultura, onde há processos sociais que colocam em circulação pessoas, grupos, bens, serviços e símbolos há relações de controle e poder. Há exatamente, também, aquilo que às vezes o próprio folclore revela abertamente, às vezes revela por metáforas, às vezes ajuda a esconder da memória dos homens e da cultura.

SÃO JOSÉ DE MOSSÂMEDES

Na antiga Aldeia de São José de Mossâmedes, que um dia os colonizadores portugueses construíram em Goiás para abrigar índios da nação caiapó e que hoje, mais de 200 anos depois, é habitada por uma maioria de população camponesa não muito diferente da que encontramos, leitor, em Santo Antônio dos Olhos d'Água, os festejos "do Divino" são realizados em agosto, longe do dia oficial da festa litúrgica de Pentecostes.

No "domingo da festa", gente de perto e de longe acorre à pequena cidade. Mas, desde a tarde do sábado, já há muitas pessoas na praça que há menos de seis anos substitui o "largo" bicentenário. Por volta das 4 horas da tarde as quatro "bandeiras do Divino" que durante dias e dias percorreram as terras do município angariando donativos e distribuindo bênçãos e avisos da festa entram pela cidade adentro e se encontram no meio da praça. Elas são recebidas com o estrondo de rojões, "rouqueiras" e tiros de velhíssimos bacamartes que só alguns homens mais velhos, os "bacamarteiros", têm coragem de colocar sobre os ombros e fazer disparar.

Alternadamente, as "bandeiras do Divino" cantam louvando o "belo encontro", louvando o cruzeiro erguido na praça, louvando a igreja (uma igreja muito antiga, construída pelos índios) e pedindo licença para entrar. Durante mais de um século, este foi um costume rotineiro nos quartos sábados de agosto em Mossâmedes. Um padre ou uma pessoa responsável pelos cuidados da igreja de São José abria as portas de aroeira e as bandeiras entravam. Cantavam no meio da nave e depois "ao pé do altar". Este último era um longuíssimo "cantorio" de "entrega da

Folia". A missão dos foliões estava cumprida. A "obrigação" de girar muitos dias pelo território rural dividido em quatro partes fora feita e, terminados os cantos com toques de violas, violões, rabecas, caixas e pandeiros, as quatro bandeiras eram deixadas junto ao altar.

Mas durante alguns anos, alguns padres vigários colocaram problemas no caminho de chegada dos foliões do Divino. Eles criticavam ora a autonomia ritual desses bandos de devotos leigos, ora a aparente alienação dos festejos populares, frente às propostas de uma Igreja que se pretendia justamente comprometida com um projeto de libertação popular. Uma ou duas vezes eu mesmo assisti a momentos tensos, em que o "lado folclórico" da "festa do Divino" foi proibido de invadir os espaços do "lado litúrgico" da "festa do Espírito Santo".

Saídos em estado de contida revolta da porta da igreja de São José, os grupos de devotos viajeiros iam para a casa do Imperador do Divino, o "festeiro do ano", responsável leigo pelos gastos maiores e pelos arranjos das partes festivas da festa.

Hoje, de novo, as pazes foram feitas e as bandeiras do Divino "entregues" dentro da igreja. Mas o vigário separa com rigor a parte propriamente religiosa dos festejos — aquelas partes que ele próprio dirige — como as missas, novenas e procissões, da parte *folclórica, popular*: as bandeiras de folias do Divino, as cerimônias da casa do Imperador, as danças de catira que varam noites a fio entre modas, repiniques de viola, palmas e sapateios, o pagamento de promessas durante o "giro da folia" ou na procissão, associado a crenças antigas nos poderes do Divino e a maneiras peculiares de saldar com ele as dívidas de algum "voto válido", os foguetórios tradicionais, os "cantorios" de benditos de mesa quando os foliões do Divino são solene e ritualmente servidos de um grande jantar (que alguns chamam de "almoço") na "casa do Imperador".

Ali, em ato, há fatos de concorrência entre categorias diferentes de participantes da vida social e das festas da comunidade. Agentes religiosos da igreja e agentes religiosos populares traçam limites entre os seus domínios e, não raro, concorrem por controle ou autonomia nas situações em que seu trabalho ritual faz fronteira com o do outro. Durante muitos anos o Imperador do Divino, quase sempre um fazendeiro ou um comerciante capaz de arcar com a maior parte dos vultosos gastos da festa, paga o sustento das bandeiras do Divino, que, por sua vez, recortam os cantos do município em busca de esmolas e prendas (novilhas, bezerros, porcos, frangos, pratos de comida, colchas de fiadeiras) as quais, leiloadas, ajudam o festeiro a saldar as dívidas que contrai com a festa. Poucos foliões são proprietários rurais e raros são fazendeiros. Quase sempre eles são a gente pobre do lugar, a quem o próprio "ofício da fofia" ajuda a viver. Assim, pobres e "peões" na vida rotineira do lugar subordinam-se, também nos festejos rituais, a ricos e "patrões". Para todos a festa, além de ser um momento coletivo de louvor devoto e festivo a um "santo padroeiro", é alguma coisa de valor e tradição no lugar. Faz parte da vida simbólica de São José de Mossâmedes, e para muitos é um dos acontecimentos mais importantes de todos os anos.

Mas, desigualmente, para alguns os festejos do Divino custam dinheiro e aumentam o prestígio e o poder. Não é raro que, pelo interior do Brasil, tanto pequenos rituais quanto grandes festas sejam usados por "coronéis" de bota e chicote para proveitos eleitorais. De qualquer forma, dentro ou fora de anos de eleições, os "senhores de gado e gente" tiram dos festejos populares prestígio e aumento

Xilogravura de José Costa Leite

do poder. Em alguns trabalhos que escrevi sobre festas e rituais do interior de Goiás, procurei demonstrar como, além disso, as grandes festas religiosas reproduzem simbolicamente a desigualdade social da vida cotidiana e, assim, consagram e legitimam com os símbolos coletivos do sagrado a diferença desigual, os rituais que misturam sujeitos e grupos de diferentes classes sociais (fazendeiros e "peões", autoridades e súditos, patrões e empregados) acabarem sendo situações de simbolização da própria ordem desigual. Isso acontece, tanto nos símbolos, nas ideias, nos gestos e nos seus significados, quando são cuidadosamente traduzidos, quanto na própria maneira como os rituais distribuem diferentemente as pessoas no seu interior. Estes são casos em tudo diferentes dos de rituais passados dentro do mundo camponês, entre "companheiros" de mesma classe e mesmo destino. Rituais que, ao contrário, expressam relações solidárias e traduzem formas populares de resistência a um domínio político e simbólico de outras classes.

FOLCLORE E CULTURA DE CLASSE

Quando alguns cientistas sociais começaram a chamar a atenção para a dimensão social do fato folclórico, alguns folcloristas mais tradicionais protestaram. Uns, apenas pelo fato de que os cientistas sociais (coisa que um folclorista também é) pareciam estar invadindo o seu território de trabalho. Outros, porque a pesquisa das relações sociais do folclore parecia um ato profanador. A história da ciência conhece casos semelhantes: a prova de que a Terra é redonda; a demonstração científica de que a Terra não é o centro do universo, mas um pequeno planeta que gira em torno a uma estrela de 5ª grandeza; a descoberta do inconsciente humano; a teoria evolucionista. É a reação que sempre há quando um novo modo de abordagem emerge e sugere novos modos de ver, investigar e compreender.

No entanto, não foi sequer um cientista social contemporâneo, mas um folclorista de velha escola quem fez o aviso de que passar da coleção de descrições sucessivas para o domínio de explicações compreensivas exigia uma abordagem sociológica urgente. Maria Isaura Pereira de Queiroz, uma socióloga paulista, aluna de Roger Bastide, um dos renovadores da pesquisa da cultura brasileira, afirma o seguinte:

> Diz-nos Florestan Fernandes que foi Amadeu Amaral, entre nós, quem primeiro reclamou a abordagem sociológica como uma nova maneira de focalizar os fatos folclóricos, estimando que o significado destas só poderia ser plenamente compreendido quando fossem estudados mergulhados no contexto sociocultural de que fazem parte; embora as condições da época não permitissem ao autor levar avante a investigação folclórica em tais moldes, teve o mérito de

apontar uma direção nova à pesquisa" (Maria Isaura Pereira de Queiroz, *Sociologia do folclore — A dança de São Gonçalo no interior da Bahia*).

O próprio sociólogo Florestan Fernandes defendeu com ênfase uma abordagem do folclore brasileiro, não só do ponto de vista das relações sociais, mas também do ponto de vista de relações sociais cujo teor determinante é político. Relações que, como eu disse algumas linhas atrás, misturam o simbólico com o político, manipulam pessoas e grupos, introduzem nos rituais e nos trabalhos folclóricos de outra qualquer natureza interesses "extra-folclóricos", servem à redução de tensões e conflitos sociais derivando, por exemplo, para a *festa* o que poderia ser *luta* ou, ao contrário, produzem conflitos culturais.

Um antropólogo francês recorda o nome de um dos primeiros e mais importantes estudiosos do folclore para sugerir a presença de relações de controle e manipulação por meio do trabalho ritual do folclore:

O *Manual do folclore francês contemporâneo*, de Arnold Van Gennep, contém inúmeros exemplos

> destas trocas entre a cultura camponesa e a cultura eclesiástica — 'festas litúrgicas folclorizadas', como as 'rogações', ritos pagãos integrados à liturgia comum, santos investidos de propriedades e funções mágicas, etc. — que constituem a marca das concessões que os clérigos devem fazer as demandas profanas, ainda que não tivessem outro intuito senão o de afastar, das solicitações concorrentes da feitiçaria, os clientes que, com certeza, perderiam, caso procedessem a uma atualização. (Pierre Bourdieu, *A economia das trocas simbólicas*).

Por outro lado, a mesma Regina Paula Santos Prado demonstra como os rituais originalmente religiosos do Bumba meu boi do Maranhão passam aos poucos de rituais comunitários para grupos empresariados. Grupos que apresentam o seu espetáculo a pessoas que pagam por eles, sejam elas assistentes das praças de São Luís, sejam festeiros tradicionais ou mesmo agentes de turismo urbano. Regina Paula mostra como nada há de uma confraria espontânea e desinteressada nos brincadores de alguns "bois" do Maranhão. "A bem dizer, o grupo de brincantes que percorre vários vilarejos é uma verdadeira *empresa teatral itinerante* que antes de se apresentar já estabeleceu suas normas e condições" (Regina Paula Santos Prado, *Todo ano tem*. Os grifos são da própria autora).

Como ternos de congos do interior de Minas e São Paulo, de que falei muitas páginas atrás, leitor, grupos populares de produtores da cultura do folclore aprendem a conviver com as divisões sociais e os padrões capitalistas de trocas de bens simbólicos. Aprendem a oscilar entre o teor comunitário (o reforçador da identidade de classe, de lugar, de etnia), o teor religioso (a devoção, a obrigação) e as vantagens empresariais de tornar o ritual um espetáculo passível de ser colocado no mercado das festas e de outros produtos do folclore. Não nos esqueçamos de que divisões como arte, cultura, lazer são setorizações funcionais que, afora serem o que setorialmente são, constituem-se sempre e necessariamente em mercadorias que é o modo privilegiado de a ordem social capitalista estabelecer relações com tudo e entre tudo que ela subjuga e faz circular.

Antônio Gramsci considera o folclore de modo muito especial. Para ele e para todos os seus seguidores, o folclore é uma cultura de classe. Por oposição à *Filosofia*, que é o modo de saber das classes dirigentes, Gramsci considera o *senso comum* como o modo de saber das classes subalternas, no interior de uma sociedade desigual. A diferença entre um modo de saber, de compreender e explicar o mundo, e a própria ordem social não é apenas quantitativa. Não é uma questão de escala. A diferença é qualitativa.

Colocada em uma posição de controle sobre a ordem social — controle da produção e distribuição de bens e poderes —, uma classe dominante constitui os seus pensadores, os seus artistas e sacerdotes, os seus intelectuais, enfim, para que pensem o mundo para ela ou para que o pensem e representem para todos, de acordo com os seus interesses hegemônicos de classe. Somente de uma tal posição estrutural de controle é possível realizar uma representação totalizadora da realidade social. Uma representação ordenada, sistemática e coerente, ainda que fundada sobre relações sociais contraditórias, como a que deriva da divisão social do trabalho.

O pensar do povo, o *senso comum*, é o outro lado da *filosofia*. Também as classes subalternas possuem os seus intelectuais. Apenas, situados fora de instâncias essenciais e centralizadoras de poder, eles não logram representar o mundo de forma totalizada, unitária, racional. Por isso, o saber do fazer e o saber do pensar populares — ou seja, próprios das classes subalternas — refletindo a sua posição num sistema de relações entre classes antagônicas e a sua condição de dominado, são um saber de fragmentos, não unitário e não capaz, portanto, de refletir a vida social tal como ela é.

Assim também é o folclore, que para Antônio Gramsci é uma cultura de classe, uma *cultura das classes subalternas* e que se opõe ao que ele chama de *cultura oficial*. Tal como alguns folcloristas afirmam, o folclore é a cultura ingênua, não oficial, não dominante. Uma cultura que, mesmo quando resultante de expropriações e imposições no passado, resiste como modo de "pensar, sentir e fazer" do povo. O folclore é parte do que alguns chamam "o poder dos fracos": seus modos de expressar a vida, as lutas das classes populares, a defesa de formas próprias. No futuro, parte do folclore brasileiro será o que as gerações do povo de agora aprenderam a ver na TV Globo; mas folclore é, agora, o que livra o povo de ser, criar e pensar totalmente de acordo com o "padrão Globo de qualidade".

Gramsci reclama com razão que a cultura popular seja investigada como "elemento pitoresco" da cultura da sociedade. Ele insiste em que se trate o folclore como "uma concepção do mundo e da vida". Uma concepção "implícita, em grande medida, de determinados estratos (determinados no tempo e no espaço) da sociedade, em contraposição (também ela, em geral, implícita, mecânica, objetiva) com as concepções 'oficiais' do mundo (ou, em sentido mais amplo, das partes cultas das sociedades historicamente determinadas) que se sucederam no desenvolvimento histórico".

Hoje, para as classes subalternas, o folclore é um modo de cultura igualmente subalterna. Para a maior parte dos pesquisadores é um emaranhado de pequenas unidades que se trata de descrever e classificar, de armazenar em museus, como fósseis testemunhas da beleza que ainda sabem fazer os miseráveis da terra.

Um camponês velho e doente de um país distante, oriental, morrendo em cima de uma esteira aos farrapos. O pesquisador erudito, apaixonado pelas "culturas estranhas" do mundo, aproveita todas as situações possíveis "em benefício da ciência". Ele aproxima com cuidado o microfone do gravador sensível junto aos lábios do velho e pergunta com respeito e neutralidade: "como é que se pronuncia morte na sua língua?". Essa estorinha que me contaram quando eu comecei a estudar Antropologia não saiu mais dos meus fantasmas. O velho perambula por lá. Ela me lembra um desenho desse, excelente Claudius. Dentro de uma redoma de vidro, antisséptica e possivelmente à prova de balas, um outro pesquisador faz funcionar um gravador ultramoderno cujo fio estende até fora dela um microfone. Ele está perto dos pés de um homem magro e, possivelmente, portador de seis ou sete enfermidades da região. Os dois mundos não se tocam, e o pesquisador até, quem sabe, odeia os colonizadores de seu próprio mundo que um dia vieram explorar os seus "objetos de pesquisa". Os mundos não se tocam, mas as culturas sim, e o pesquisador que não deseja contaminar-se com a miséria e as doenças da condição de vida do "outro" quer conhecer todas as suas ideias, todos os seus símbolos, da língua às crenças que no silêncio da noite os colonizados desfiam nos sonhos.

Folclore, leitor, em mundos com colonizadores e colonizados eternos e internos, é a vida e a expressão da vida do colonizado. Por que então nos espantarmos com os estudiosos da cultura do povo que se internam pelos sertões da Bahia em busca do conhecimento de rituais de mortos (velórios sertanejos, "incelências", encomendações de almas) e nunca se lembram de perguntar por que, afinal, se morre tanto por ali. E nunca escrevem nos diários de campo — onde às vezes o rigor das anotações de campo é invejável — as razões pelas quais a "região cultural" que investigam é uma das "áreas sociais" mais desiguais e miseráveis do planeta.

É possível descrever fatos isolados do folclore sem enxergar o homem social que cria o folclore o sentido humano do folclore sem explicá-lo através do homem que o produz e de ma condição devida.

Isto porque, por si só, o folclore não existe. Ele é a parte popular em um mundo onde "povo" é sujeito subalterno. É, por exemplo, o caipira paulista e o camponês mineiro ameaçados há muitos anos da perda de suas terras para empresas de capitalização do setor rural; é o posseiro do Norte, também folião de Santos Reis, para quem a "crença" e a "reza" são apelos ao sagrado, esperanças de que algum poder que ele não vê resolva uma situação de opressão que ele não compreende.

Assim, quem quiser compreender porque alguns fatos folclóricos desaparecem, migram ou se transformam no país, em vez de buscar explicações entre os mistérios da cultura, procure encontrá-las nos sinais vivos da vida social dos sujeitos que fazem o folclore. Processos como os que expulsam o lavrador camponês de sua comunidade e suas terras e o empurram para a periferia de uma cidade, onde a família se divide em unidades de volantes "boias-frias".

Após reconhecer os limites do folclore enquanto forma subalterna de cultura, o mesmo Antônio Gramsci pede que ele seja não concebido "como uma extravagância, uma raridade ou um elemento pitoresco, mas como uma coisa muito séria e que deve ser levada a sério.

Mas os seus motivos não foram pensados do lado de dentro de uma redoma. Ele imagina uma sociedade onde, destruídas as diferenças entre os homens, a oposição entre a cultura erudita e a cultura popular dê lugar a uma cultura humana, alguma coisa que, como "modo de sentir, pensar e agir" de todos, expresse finalmente a descoberta de um mundo solidário.

> Somente assim será mais eficaz o seu ensino e determinará o nascimento de uma nova cultura entre as grandes massas populares; somente assim

desaparecerá a separação entre a cultura moderna e a cultura popular, o folclore" (Antônio Gramsci, *Observações sobre o folclore*).

"PARA NÃO ESQUECER QUEM SÃO"

Qualquer que seja o tipo de mundo social onde exista, o folclore é sempre uma fala. É uma linguagem que o uso torna coletiva. O folclore são símbolos. Através dele as pessoas dizem e querem dizer. A mulher poteira que desenha flores no pote de barro que queima no forno do fundo do quintal sabe disso. Potes servem para guardar água, mas flores no pote servem para guardar símbolos. Servem para guardar a memória de quem fez, de quem bebe a água e de quem, vendo as flores, lembra de onde veio. E quem é.

Por isso há potes com flores, Folias de Santos Reis e flores bordadas em saias de camponesas.

INDICAÇÕES PARA LEITURA

Livro de folclore e sobre ele é o que não falta. De saída, duas obras que resenham o bibliografia do folclore brasileiro podem ser recomendadas. Uma, organizada por Bráulio do Nascimento e publicada pela Biblioteca Nacional, *Bibliografia do folclore brasileiro*. Outra, feita por Cristina Colonelli e publicada pelo Conselho Estadual de Artes e Ciências Humanas de São Paulo, tem o mesmo nome da primeira — *Bibliografia do folclore brasileiro*.

O Instituto Nacional do Folclore (atenção: antiga Campanha de Defesa do Folclore Brasileiro) periodicamente publica uma *Bibliografia folclórica*, que resenha o que vai sendo publicado em cada uma das suas áreas de pesquisa. É fundamental a leitura destes trabalhos bibliográficos para a escolha de boas leituras. As indicações que faço a seguir são apenas uma pequeníssima mostra do que há para ler.

Há uma longa série de livros sobre assuntos ligados ao folclore e à cultura popular. Por esta mesma coleção, Antônio Augusto Arantes publicou *O que é cultura popular*.

Os livros sobre folclore podem muito bem ser divididos em três grandes categorias. A primeira abrange as obras escritas por folcloristas de profissão. Entre elas estão os livros de Luís da Câmara Cascudo, especialmente *Tradição, ciência do povo* (Perspectiva, 1971) e *Folclore do Brasil* (Fundação José Augusto, 1980). A leitura de *A inteligência do folclore*, de Renato Almeida, é fundamental (MEC). Alguns livros muito importantes começam a ser reeditados, e o leitor interessado deve ficar de olho nisso.

Como um bom exemplo da pesquisa de um tema folclórico, recomendo um estudo sobre o trabalho de fiadeiras em Goiás: *Tecelagem artesanal — Estudo etnográfico em Hidrolândia, Goiás*, de Marcolina Marins Garcia, Editora da Universidade Federal de Goiás, em sua "Coleção Documentos Goianos", 1981.

Do ponto de vista de uma Sociologia do Folclore, o mais necessário é o de Florestan Fernandes *O folclore em questão*. Reúne artigos polêmicos e trabalhos de campo e, além do mais, inclui relações bibliográficas que vão desde os primeiros estudos até alguns bastante recentes. A respeito das transformações da música sertaneja sob pressões externas, inclusive as da indústria cultural, ler, de José de Souza Martins, "Viola Quebrada", *in Debate e crítica*, n.º 4, 1974, depois ampliado a incluído em seu *Capitalismo e tradicionalismo* (Pioneira, 1975); de Waldenyr Caldas, *Acorde na aurora* (Nacional, 1979).

Através de uma série de estudos recentes, a Antropologia Social contemporânea entra pelos assuntos que existem na fronteira entre a cultura popular e o folclore. Ler o livro de Maria Júlia Goldwasser *O palácio do samba — Estudo antropológico da escola de samba Estação Primeira de Mangueira* (Zahar, 1975); de Isidoro Alves, *O carnaval devoto, um estudo sobre a festa de Nazaré em Belém* (Vozes,

1980); de Regina Santos Prado, *Todo ano tem — A festa na sociedade camponesa* (Museu Nacional, mimeografado); do autor, *O divino, o santo e a senhora* (Funarte, 1978) e *Sacerdotes de viola* (Vozes, 1981).

Uma das mais importantes pesquisadoras das folias de Santos Reis é Yara Moreyra, da Universidade Federal de Goiás. Recomendo a leitura de seu trabalho *De Folies, de Reis e de Folias de Reis*.

Foi publicado na série Museus, um álbum dedicado ao Museu de Folclore Édison Carneiro, publicação da Funarte, 1981.

Fora o Instituto Nacional do Folclore, que possui boa biblioteca, cada estado brasileiro possui uma Comissão Estadual de Folclore, onde orientações de pesquisas e indicações específicas podem ser procuradas.

SOBRE O AUTOR

Nasci no Rio de Janeiro em abril de 1940. Vivi ali 26 anos e ali, um dia, me formei psicólogo na PUC. Mas eram tempos em que começávamos a criar movimentos e centros de cultura popular. Participei intensamente de tudo aquilo e o que vivi então teve mais influência sobre minhas ideias e práticas posteriores do que meu próprio curso. Porque queria ser mais um educador e um pesquisador do que propriamente um psicólogo, fui viver primeiro em Brasília e depois, por vários anos, em Goiânia.

Faz dez anos que estou em Campinas e na Unicamp. Em 1967 ingressei como professor na vida universitária, primeiro em Brasília (UnB), depois em Goiânia (UFG) e agora em Campinas. Tornei-me antropólogo primeiro por conta própria e depois, através de cursos na UnB e na USP. Dedico-me hoje a estudos, aulas e pesquisas de Antropologia Social, mas desde 1963 nunca deixei de participar do debate extrauniversitário dos movimentos e experiências de educação e cultura popular. Tudo o que escrevi até hoje, fora a poesia que me persegue desde a adolescência, são os meus relatórios de pesquisas de Antropologia ou os livros entre a didática e a militância, dirigidos a educadores.

Livros publicados pela Brasiliense: *Os deuses do povo — Uma introdução às religiões, Diário de campo — Antropologia como alegoria, Educação como cultura, Educação popular, Identidade e etnia, Pesquisa participante, A questão política da educação popular, Repensando a pesquisa participante* e pela coleção Primeiros Passos, *O que é educação, O que é folclore* e *O que é Método Paulo Freire*.